U0025752

蒼之炎 II

—飛翔編—

羽生結弦

2015年8月接受訪問。

皆さんが　私をきっかけに

つながっていただけたらと

思っています。

共に走り続けます。

但願大家因為我而彼此相繫，
共同攜手奔向未來。

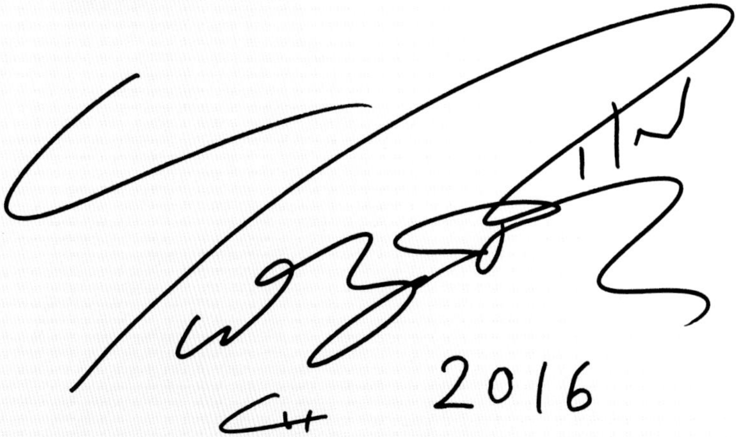

2016

羽生 結弦

Contents

蒼之炎 II

日文版《蒼之炎II-飛翔篇-》
羽生選手的版稅全數捐給Ice Rink Sendai
扶桑社亦會捐出部分營業額

2005年10月，10歲。
全日本少年錦標賽B組第2名。

2004年10月，9歲。首次出戰全日本少年錦標賽即獲得B組冠軍。

2007年11月，於仙台舉辦的NHK杯開幕典禮。擔任旗手上場滑冰。

2007年NHK杯表演滑。

2007年12月，13歲。
於得獎者冰演秀（Medalist on Ice）
表演《Sing Sing Sing》。

2007年11月，12歲。
全日本青年錦標賽，短曲
《Sing Sing Sing》。

2008年4月。於「Carnival on Ice」冰演秀表演《Amazonic／骷髏之舞（Danse macabre）》。

2007年11月。
全日本青年錦標賽，長曲以
《火鳥（L'Oiseau de feu）》
奪冠。

於集訓回答媒體群訪。

2008年8月，13歲。於中京大學舉辦的全日本青年強化集訓。

2008 年全日本青年錦標賽。短曲《紅磨坊(Moulin Rouge!)》。

2008 年 11 月。
全日本青年錦標賽冠軍。
長曲《帕格尼尼主題狂想曲(Rapsodiya na temu Paganini)》。

2009年青年組大獎賽總決賽。
長曲《帕格尼尼主題狂想曲》。

2009年12月，14歲。
青年組大獎賽總決
短曲《不可能的任
2(Mission: Imposs
II)》。

2009年青年組大獎賽總決賽，
表演滑《CHANGE》。

於東京代代木舉辦的青
年組大獎賽總決賽成
功奪冠。

2010年7月，15歲。
於「Fantasy on Ice」新潟場表演《天鵝湖(White Legend)》。

2010 年 10 月。
成人組出道戰 NHK 杯。
長曲《流浪者之歌（Zigeunerweisen）》。

2011 年 9 月，16 歲。
於「Fantasy on Ice」新潟場表演《悲愴 (Étude in D-sharp minor, Op. 8, No. 12)》。

訓練基地因震災毀損，將全國各地參演的約 60 場冰演秀當成訓練場。

2011年11月，
在俄羅斯杯贏得首座大獎賽
系列賽冠軍，
獲得大獎賽總決賽參賽資格。

2011年俄羅斯杯表演滑。
表演《Somebody To Love》。

2012 年 3 月，17 歲。
於尼斯舉辦的世界錦標賽，短曲《悲愴》。

首次出戰世界錦標賽。
在前一天的練習中扭
傷右腳踝。

2012年世界錦標賽，長曲《羅密歐與茱麗葉（Romeo and Juliet）》。唱名上場前的神情。

同場賽事的長曲。中途
摔倒，拚命扭轉頹勢。

進入編舞步法前，拚盡全力吶喊。

在如雷掌聲中，拖著筋疲力竭的身
體，含淚感謝觀眾。

與阿部奈奈美教練擁抱。

首次出戰世界錦標賽即獲得第 3 名。
出現在頒獎典禮上，寫有「絆」字的日本國旗。

2012 年世界錦標賽表演滑。
表演滿懷祈願的《天鵝湖》。

Scene 0

前言

二〇一一年三月，十六歲的羽生結弦受到東日本大地震影響而失去訓練基地。那年夏天的休賽季，他奔波於全國各地參演冰演秀。他十分慶幸自己能借用冰場，更由衷感謝還能繼續滑冰。滿懷感恩的他，在冰演秀也勇於挑戰四周跳，竭盡全力表演競賽用的曲目。

「我有幸受邀參演各場冰演秀，也收到許多信，但是信件數量實在太多，沒辦法全部讀完。因為全日本錦標賽後有段空檔，我就趁那段時間讀完所有信也回了信。我收到的信件中，有的來自磐城市與福島縣，也有的來自岩手縣沿岸地區、大船渡市以及宮城縣石卷市。讀著忍不住好想哭。

在此之前，我的所作所為比較偏向『為了自己』，但是讀了信之後，發覺自己並不是鼓勵他人的一方，反而是倍受鼓舞的一方。我的心境從此有一些改變。」

二〇一二年三月，羽生結弦首次出戰世界錦標賽。對於年僅十七歲的花滑選手而言，這場盛會將成為滑冰生涯及心理層面的重大轉捩點——

前作出版至今已四年（註1）。改換訓練據點的羽生結弦，已是一名成長卓越的花滑選手。日後在索契冬季奧運會創下的壯舉，以及史上首次總分超過三百分等佳績，早已眾所周知。本書延續前作，將以羽生本人的訪談內容為主，依序探索他跌宕起伏的歷程與心境變化。

註1：此處是指日本的出版資訊。第一集於二〇一二年四月出版，第二集於二〇一六年七月出版。

Scene 1

覺醒之時

~二〇一二年世界錦標賽~

（出自二〇一二年四月的訪談）

二〇一二年三月，羽生結弦首次出戰位於溫暖宜人的休養勝地——法國尼斯所舉辦的世界錦標賽。

原本滿懷雀躍心情面對花式滑冰賽季最終戰這場重大賽事，他卻在短曲比賽前一天的公開練習中扭傷右腳踝，腫得連冰鞋都穿不進去。

三月三十日，短曲開賽。羽生結弦隨著史克里亞賓（Alexander Scriabin）的《悲愴》旋律，成功跳出四周跳接二周跳的組合跳與3A（註2）。當3Lz跳空成一周跳的瞬間，他雖然露出「完蛋了」的表情，但隨後仍展現強勁有力的步法，彷彿為了挽回跳躍的失誤。最終短曲以七七．〇七分排名第七。

「說到四周跳，我覺得跳得很不錯。但是之後沒能接上三周跳，這點要反省一下。總之，冷靜想想，這次短曲能成功跳出組合跳，算是展望明年的最大收穫吧。我以前很少做四周跳接二周跳這種類型，難免有點焦急。因此，以後遇到沒嘗試過的類型，我也必須沉著冷靜地一一完成。」

短曲結束後，羽生結弦絕口不提自己的傷勢。不過，能在那樣的情況下展現精彩表演，也使他的心境有了些微改變。

「我是在短曲比賽前一天受傷的，所以心裡有『四周跳能成功落冰，做得好啊』的感受，認為那是自己一個人努力的成果。可是，短曲結束後，媽媽對我說『你這樣想不對喔』。她說，會受傷要怪自己，因為有那麼多人給予幫助、有那麼多人加油打氣，我才能走到這一步。我們邊吃邊聊到晚上九點左右，最後我也明白，自己的想法錯了。」

全日本錦標賽到世界錦標賽這段期間，讓他有時間好好正視來自各方的支持鼓勵。他也意識到自己在順利比完短曲後，不自覺地萌生了驕傲自滿。

十七歲的羽生結弦，懷著與先前判若兩人的抱負，迎戰長曲。

「（隔天的長曲）我的心境完全不一樣了，從正式上場前做意象訓練開始，就強烈感受到這一點。唱名後準備出場時，電視台可能沒拍到吧，我一直閉著眼睛。從蹲下來起身、接著滑到冰場正中央，我始終閉著眼睛。當時心想：『我是一名運動選手，這也許是自己的戰鬥，但是現在憑我一個人的力量，肯定無能為力。』我非常想拿到好名次、贏得好成績，可是，憑一己之力實在辦不到。還有，我要對一路以來支持我的人說聲抱歉。雖然說大家的支持讓我發憤努力是很重要的一件事，但是跟媽媽聊過之後，發覺自己不應該受到支持才想要發憤努力，而是要坦然接受大家的支持，並且好好珍惜這份心意，將它徹底化為自己的力量。我希望自己能毫無保留地接收來自各方的支持力量。」

接下來，迎戰長曲《羅密歐與茱麗葉》。

４Ｔ與３Ａ等跳躍接連漂亮落冰，流暢地滑出去。然而，就在步法即將結束的時候，羽生卻在轉身的那一瞬間，重重摔倒在冰場中央。

「感覺是太累而絆到腳。但是，我反而很樂觀地心想，摔倒了就有時間休息啊。所以，摔倒了也不錯。要是沒有摔那一次，我的體力根本沒辦法負荷（笑）。老實說，真的很吃力。不過，事後看影片，發現摔倒的過程實際上沒有花太多時間，我馬上就爬起來了。

但是在我心裡覺得很漫長。摔倒時，感覺像是飛在半空中。就像這樣（慢動作重現自己摔倒的模樣），『啊，我摔倒了~』的樣子（笑）。摔倒之後，心裡想著：『好吧，接下來怎麼辦？』總之，腦袋飛快轉著，一想到『我得趕快站起來』，便立刻起身；再過幾秒就要跳Axel時心想：『來不及跳下一個Axel了。』於是縮短跳躍的軌道。因為我的軌道還滿直的，心想：『起跳弧線改變就算了，全力衝刺吧。』就這樣直接跳Axel。我本來就能跳3A+3A連跳，所以沒問題（笑）。長曲當天早上練Axel時跳空了，幸好之後又補跳一次Axel。

雖然大家都對我說：『你竟然跳得成啊！』但是（阿部）奈奈美教練說：『我就知道你一定會賭一口氣去跳。』我在起跳前也是覺得：『啊，一定會成功。』進入起跳弧線的那一瞬間，自己就有一種感覺：『我絕對不會摔倒！』就是憑一股氣勢。回頭再看影片，發覺：『Toeloop跳得還真從容啊。』甚至覺得：『當時應該再接一個跳躍的。』（笑）」

羽生結弦在進入曲目尾聲的編舞步法之前擺出姿勢後，「哇啊——」地嘶喊，展現強大氣勢。

「我喊出來了。平時不會喊，只有在全日本錦標賽和這場比賽（世界錦標賽）才喊。我喊得很大聲！因為當時覺得快喘不過氣來，想說先吐口氣（笑）。再來嘛，就是氣勢！所有觀衆都在『哇啊——』地鼓譟，我也順勢『哇啊——』地喊叫。就是這樣。（賽季五場比賽中有三場失誤）最後一跳的3S，我幾乎是在意識模糊的狀態下跳出來的。因為太常失誤，所以很多人叮囑我：『Salchow，要注意啊。』他們一直對我這樣說（苦笑）。幸好跳成功了。」

長曲的結果是一七三．九九分。當時賽季最佳成績一出爐，待在等分區看到高分的羽生結弦露出驚訝的表情。長曲最終排名第二，總成績也以二五一．〇六分排名第三。年僅十七歲又三個月的羽生結弦，第一次出戰世界錦標賽即獲得銅牌。

金牌是陳偉群（Patrick Chan），銀牌得主是高橋大輔。這一天，日本男子單人滑史上首次在世界錦標賽的頒獎典禮升起兩面日本國旗。

「比賽結束後，我看了自己這首長曲在世界各國播放的不同版本。看的時候會忍不住想『快要摔了、快要摔了』……（笑）。還有，我表演完已經淚流滿面，來到奈奈美教練面前就撲簌撲簌直掉淚。不過，那時候最讓我感動的是觀衆的歡呼聲。我摔倒後，來自世界各地的現場觀衆不是全都為我鼓掌加油嗎？喊著：『加油！』比我跳四周跳還要激動（笑）。真的很感謝大家的掌聲與歡呼，我才能堅持到最後一刻。

因為得分相當高，我心裡也非常高興，能在這場賽事展現幾乎完美無失誤的表演，讓我增加不少自信。

『這場大賽中最耀眼的就是結弦。』連獲得冠軍的陳偉群選手也這樣說，他這番話深深感動了我。但是，這不是我一個人的功勞，而是憑藉所有人的力量才能做到。正因為如此，雖然我只有十七歲，但這場比賽可說是這十七年來分量最重、感受也最深刻的一場賽事。它會成為我人生中相當重要的一場比賽。我不太想把受傷當藉口，不過，多少也因為我受了傷，才會有這種想法。我覺得這世上沒有所謂的偶然，冥冥中必定有神的指引。」

他認為自己深受冰迷和許多人的支持，也強烈感受到，冰迷的力量與東日本大地震，正是構成本賽季的羽生結弦不可或缺的要素。

「我覺得自己經歷震災後有些改變了。一般人都覺得，我的所作所為是想要鼓舞身邊的人，媒體報導的內容也是如此，感覺就像我期望透過自己的表演來鼓舞大家。不過，我覺得自己反倒是倍受鼓舞的一方。正因為我遭受震災，才意識到這一點。至於地震，由於它隨時都有可能發生，我認為這是有緣活在同一世代的人不得不思考的課題。我之所以有這種想法，主要是因為有幸得到各方人士的支持。那也是我的思考根源。

參加世界錦標賽的時候，正值我的狀態上升期，可是這種狀態在短曲比賽前一天的練習時中斷了，結果注意力渙散，扭傷了右腳。我的狀態雖然中斷了，但是有那麼多人支持我，所以在跌到谷底前又把狀態拉回來。

我的狀態確實不太好，因此長曲一滑完，立刻感謝扭傷的右腳：『謝謝你撐住了！』啊不對，我一表演完就高舉右手，心想：『太好了，做得好！』（當時一手指著天）但是轉念一想：『咦？這不是我一個人的力量啊。』這時候，我聽見喝采聲，也看到觀衆起立向我致意，於是慢慢把手放下來。要不是觀衆在我摔倒之後還鼓掌加油，我也不可能有那樣的表現，說不定就直接走人了（笑）。當我表演結束，聽到所有觀衆的歡呼聲，才意識到自己承受了所有人的力量。」

他現在能清楚說出自己的想法，但是當初也經過一番掙扎。

「我有一段時期非常迷惘，不知道自己到底是受災者？還是花滑選手？我覺得自己兩者都不算吧。雖然還沒找到明確的答案，但是身為花滑選手，我確實感到自己深受許多人的支持與鼓勵。」

回顧震災後這一年，他說沒想到有這麼多人替自己加油打氣、給予支持。讀著冰迷寫給他的溫暖信件，雖然遭遇災難，他卻更加堅定地想成長為值得所有人支持的人。

儘管想法堅定，但是這段時期的羽生結弦也暗自煩惱著。他希望自己不負所有在仙台以及在日本的支持者對他的期許。與此同時，他想要成為更強大的花滑選手。他的決定是……

註2：花式滑冰有六種標準跳躍，難度由低至高依序為Toeloop Jump（T）、Salchow Jump（S）、Loop Jump（Lo）、Flip Jump（F）、Lutz Jump（Lz）、Axel Jump（A）。

Scene 2

前往新天地加拿大

~二〇一二年休賽季~

（出自二〇一二年八月的訪談）

獲得二〇一二年世界錦標賽銅牌後，羽生結弦因為腳傷的關係，只得減少上冰練習一陣子。

「世界錦標賽之後，我只能跳出一周跳。自從在世界錦標賽弄傷腳，休養一個月後才恢復訓練，花了兩天才能跳二周跳（笑）。我的腳啊，已經撐不住落冰瞬間的衝擊，忘記落冰時承受衝擊的感覺了。我想，應該是肌肉減退。雖然想著『至少能立刻跳1A吧』，結果花了三天才跳出來。

那時候肌肉減退到只有現在大腿的三分之二粗，可是脂肪增加了（笑）。體脂率竟然上升到八％左右。平時參演冰演秀的時候，我的體脂率大約是四％；有比賽的話，大概是五％。因為冰演秀有時候是一天兩場，所以脂肪會慢慢消減。比賽的時候，體脂率維持五％是最理想的狀態。」

就在為了療傷而減少訓練期間，羽生結弦做出重大抉擇。他改投布萊恩・奧瑟（Brian Orser）門下，訓練據點也移至加拿大多倫多。

要離開將自己培育成世界頂尖選手的仙台與阿部奈奈美教練，前往語言不通的多倫多，一切改變全是為了滑冰。雖然選手前往外國訓練，在花式滑冰界屢見不鮮，但是當自己真的面臨抉擇，要下決心沒那麼容易。

羽生結弦陷入猶豫。他希望一直留在仙台訓練，也希望待在長久以來照顧他的人們身邊繼續滑冰。他也擔心，這時候離開還在重建中的家鄉仙台，算不算辜負了支持自己的人們？

儘管如此，他決定坦然面對自己「希望滑冰更加精進」的強烈心願。而有可能讓他圓夢的環境，就在多倫多。

十七歲的春天，羽生結弦決心遠赴加拿大，五月即動身前往多倫多。

「我算是在世界錦標賽上拚盡全力了，所以很想在新的環境裡吸收更多不同的事物。仙台當然也有優秀的花滑選手，但是很難找到可以互相砥礪的同等級選手。因此，我希望去一個每天都能激勵自己的地方。不過，最難的是選擇去哪裡。

二〇一一至一二賽季的時候，我在俄羅斯受到納塔莉婭・別斯捷米雅諾娃（Natalia Bestemianova）女士與伊戈爾・博布林（Igor Bobrin）先生非常多關照。

可是在評估滑行技巧與訓練環境的時候，覺得布萊恩．奧瑟教練比較好。最重要的關鍵還是哈維爾．費南德茲選手（Javier Fernández，當時已拜在奧瑟門下）的四周跳成功率相當高。我覺得若是不能像他那樣接二連三跳出四周跳，往後肯定行不通。如今的時代已經沒辦法選擇不跳四周跳了。像滑行那麼厲害的陳偉群選手都要跳四周跳才能拿金牌，滑行功夫還不到家的我，不跳四周跳根本無法贏過他。」

「Toronto Cricket Skating and Curling Club」是位於多倫多郊外的Cricket Club的正式名稱。一如名稱所示，這是一處占地甚廣，可盡情享受板球與滑冰、冰壺，還有壁球、網球等運動的高級名門俱樂部。此處是愛好運動的鄰近居民的最佳去處，也是世界頂尖運動選手的訓練據點。羽生結弦當時在比賽中的四周跳成功率還不算高，思考自己該如何獲勝時，他選擇待在Cricket Club訓練。

「這個賽季的長曲我放了兩個四周跳，先是Toe loop，後來也加了Salchow。我的4S雖然不會摔，但有時候跳空、有時候成功，現在的狀況倒是不錯。加拿大有個國內賽排名第七（二〇一二年加拿大錦標賽，當時十三歲）、名叫阮南（Nam Nguyen）的越南裔選手，他竟然對我說：『你的Salchow跳得像Toe loop。』（笑）我聽了心想：『什麼話嘛！』可是模仿他的跳法之後，感覺很不錯。我經常受到這種刺激。同一個團隊裡還有哈維爾，我們雖然不會互相教導彼此，但是有最佳意象可供參考，讓我練起來很容易。哈維爾也在某個訪談中說：『因為結弦很努力，所以我也要努力才行。』」

儘管英語不甚流利，不過羽生結弦已開始把自己當成與費南德茲以及還是青年組選手的阮南等人互相切磋琢磨的夥伴了。每天能與征戰世界的頂尖好手一起訓練，並在優良環境裡過著鑽研滑冰的日子，他感到無比充實。

「我很開心。身邊有人能跳出成功落冰的四周跳還是很重要啊。當我跳不出來、找不到良好的意象時，最重要的就是身邊有人能給我最佳意象。跳不出來的時候，我會莫名焦躁，結果愈想跳愈跳不出來。但是哈維爾在的話，我就不會一直鑽牛角尖，反倒被激起『不服輸』的念頭。鑽牛角尖時，我只會無比沮喪地想：『為什麼跳不出來呢？為什麼跳不出來呢？』可是有了不服輸的念頭之後，說什麼也會讓自己打起精神來。當我不再自顧自地鑽牛角尖，並想到還有其他選手在場不能就此認輸，鬥志便會高漲起來。像這種彷彿比賽期間公開練習的情景還滿常發生的。

此外，像運腿的方式，比如說跳躍瞬間，Salchow（起跳時）『咻』地跳起來的時候，右腳要如何運用，還有跳Toeloop時收緊身體的速度快慢等各方面，布萊恩教練都會從不同以往的觀點指點我。因為他是從不同角度檢視我過去所學的，還有這些年來與奈奈美教練經過不斷摸索而成形的姿態，所以有時候沒辦法想像他說的是怎麼一回事。不過這部分我可以對照哈維爾跳躍的模樣，隨即明白：『啊，原來這樣做就好。』

剛開始會不知所措，不過布萊恩慢慢掌握到我的姿態、跳躍方式以及身體的運用方式，現在就沒那麼辛苦。與其說他在改變我的姿態，感覺更像是從不同觀點讓我的姿態接近完美狀態。布萊恩從他的觀點對我提出需要注意的地方，我自己覺得必須改進的地方也增加不少。尤其Cricket Club是由一群教練組成的團隊，除了指導跳躍的教練以外，其他教練如果發現需要加強之處，也會出言指點：『那樣不太好，這樣做會好一點。』過去由奈奈美教練和我憑感覺形塑而成的意象因此更加清晰。或者說，我現在能從不同的角度來觀察，看起來就像3D立體效果一樣。

這段過程需要時間，但我能從哈維爾的跳躍中擷取『啊，原來是這樣』的部分加進自己的意象裡。這就是我這兩個月來所做的功課。不過，哈維爾不常跳給我看就是了（笑）。我心目中的理想姿態，總算愈來愈清晰。至今反覆摸索建構而成的姿態，以當時來說雖然是完美狀態，但是我得從那裡進階到下一個階段。若是打個比方，感覺就像是從過去的類比電視進化成數位電視吧。可是，我心目中的完美狀態是高畫質（Hi-Vision）電視喔。不知道以後還能不能進化到3D電視（笑），畢竟我還在進化過程中。不過，我已經知道完美狀態以及下一個階段將是什麼樣子。我在跳躍的那一瞬間，會把整個過程全想過一遍再跳出去。例如跳Toe loop，我助滑的時候不是會面向前方滑一小段嗎？我就利用那段助滑的短暫時間，在自己腦中的意象裡模擬了跳躍。跳躍時只要按部就班去做，絕對能跳成功。

我養成這種跳躍習慣，大概是從二〇一〇年的NHK杯跳出四周跳開始的吧。對我來說，四周跳還是不能與其他跳躍相提並論。有明確的意象會比較容易跳出來，而我現在的意象已經愈來愈清晰。再說，這些意象剛開始都像類比電視一樣，畫質比較粗，後來才愈來愈細緻，讓我能清楚看到現在該做什麼。

我算是可以全憑意象跳躍的類型，第一次挑戰四周跳也只憑意象去跳。不過，只憑意象去跳的話，當意象消失的那一刻，我就完蛋了。因此，希望換個新環境也是這個緣故。」

Cricket Club的總教練是布萊恩・奧瑟，他在那裡建立了完善的「布萊恩團隊」體制。既有滑行名家且能照顧到所有選手的崔西・威爾森（Tracy Wilson），還有能重點點撥旋轉技巧的佩奇・艾斯特普（Paige Aistrop）。自二〇一四年夏季起，李・巴克爾（Lee Barkell）也加入布萊恩團隊。不僅如此，編舞師大衛・威爾森（David Wilson）與傑佛瑞・巴特爾（Jeffrey Buttle）、席琳・伯恩（Shae-Lynn Bourne）同樣在多倫多，可以隨時調整編舞內容。

「我去年在冰演秀特地觀察了各個選手的四周跳，感覺自己的意象形塑得更清晰。正因為如此，我才想要就近觀察頂尖好手，讓意象更加完美。我必須加強意志力，才能全神貫注想像每一個跳躍、步法、旋轉，還有從頭到尾的滑行過程。

我現在也在練滑行，真的就是在『滑』冰。像是蹬冰（Stroke）、轉三（Three Turns）之類的，還有壓刃時的感覺、上半身的高度與身體線條等等。就像在我既有的概念裡添加新的概念，讓我愈來愈進步。

當我自認為表現得不錯，教練卻覺得我還不夠好的時候，實在令人非常懊惱。不過，既然人家說我有待加強，那就表示『我可以做得更完美』。

我的滑行教練是崔西與布萊恩，我們會逐段修正曲目裡的滑行。有時修正了曲目裡的滑行，也會跟著調整編舞動作。因為滑行愈來愈流暢，也會改變步伐大小（蹬冰次數與速度快慢）。若是能把所學知識在腦海裡清晰地描繪出來，結果肯定不同。不過，我也很納悶：『一定要這麼全神貫注嗎？』以前需要留意的地方有五、六個，現在感覺一下子增加到三十個。我還沒辦法面面俱到，稍不留神，崔西就會念我：『你剛剛不專心哦？』

我原本的意象是由至今教導過我的每位教練用他們的各種想法形塑而成，如今覺得自己又進階一步，接近完美狀態了吧，但還有待進步就是了。

我覺得自己在蹬冰與交叉步（Cross）等方面改變滿多的，尤其是長曲的前半段。不過，後半段還顧不來。我的觀念已經慢慢改變。滑行時，下半身的重心移動固然重要，但因為重心移動的關係，也必須留意上半身各部位的動作。例如手的位置，這些也必須留意才行。很有趣哦。

因為其他人都很厲害，所以在練習滑行時，我總覺得自己『滑行技巧實在很糟糕啊』。哈維爾也是轉投布萊恩門下之後，滑行進步得非常多。但是能讓我意識到自己的滑行很糟糕，是我最開心的一件事。之前在仙台訓練時，大多是『拿自己當範本』。因此，只要我待在這裡訓練，一定會進步到跟所有人一樣好。在此之前，我會在跳躍上跟別人較勁，這還是頭一次不想在滑行上輸給別人，感覺挺新鮮的。」

羽生結弦在多倫多需轉乘地鐵與巴士前往冰場。雖然生活環境改變，但生活內容與在日本的時候沒多大變化。跟著他一起移居多倫多的母親會為他做日式料理，使他得以安穩度日。只不過，他得儘快練好英語，才能確實接受教練團隊的指導。

「教練對我說英語，我只能憑感覺記住。我又很想把英語的語意轉換成日語，所以會寫滑冰筆記。先用身體記住教練對我說的，再用日語註記『做這個的時候，要這樣做才對』。因為跟過去所學的不一樣，我必須記住很多東西。要用文字記錄自己的身體動作不是非常困難嗎？不過，絞盡腦汁之餘也會自然而然記下來，所以我目前是維持一星期兩次的頻率寫筆記。還有，我會在寫的時候回頭翻翻前面。事後如果有不明白的地方，回頭翻翻就知道：『哦，那時候是注意這個地方才跳出來的啊。』

我還把肌肉分布圖記在腦袋裡。我在小學的時候就讀過圖鑑，很喜歡這方面的知識。最近買了MacBook Air，就能利用程式，透過3D畫面看看哪個部位長了哪些肌肉（笑）。我把學到的肌肉知識結合自己的感覺，一面動作一面想：『這部位的肌肉正在運作啊。』感覺完全不一樣。我也把想了解的肌肉名稱全部用英語記在MacBook Air的Evernote裡。」

接受新環境的刺激，羽生結弦每天過得無比充實。這段期間，他對於還有一年半時間的索契冬季奧運會有一些想法。

「首先，我計畫在這一年內努力提升滑行技術。布萊恩的想法是希望我能從現在起到世界錦標賽這段期間，徹底練好滑行以及來到加拿大所學的一切。我也覺得今年（二〇一二至一三賽季）一定要打下紮實的基礎。明年（二〇一三至一四賽季）則是以完美狀態為目標，就像用細緻的砂紙打磨修飾一樣。現在的我還很粗糙，正在磨削的階段，接下來必須逐步上漆、拋光才行。

滑行固然重要，可是滑冰不是只有滑行而已，我能走到這一步，也是因為自己的跳躍表現得不錯。因此，跳躍自不用說，我也會繼續改良旋轉。今年因為規則改變，要在旋轉拿到分數不是變得很難嗎？但在這種情況下，我的理想不是做千篇一律的旋轉，而是在短曲與長曲分別做不一樣的旋轉，而且在編排上會以全部拿到四級為目標，希望在比賽上全都能獲得四級。不僅如此，為了讓執行分（Grade of Execution，GOE。在-3至+3範圍內評估要素的執行程度）能夠加分，我也要突顯自己的特色，所以會在旋轉裡加入貝爾曼。

貝爾曼是我一直在做的旋轉動作。二〇一〇至一一賽季，奈奈美教練要我拿掉長曲《流浪者之歌》的貝爾曼旋轉。可是同一個賽季的短曲《天鵝湖》中，我基本上還是會做貝爾曼旋轉，雖然全日本錦標賽的時候拿掉了。不過，我還是想繼續做貝爾曼旋轉，因為那是我的特色！更何況，我一直仰慕的花滑選手葉甫根尼・普魯申科（Evgeni Plushenko）也有做貝爾曼旋轉，我就是因為崇拜他而跟著做的。話雖如此，普魯申科選手後來動了腰部手術，就不做貝爾曼旋轉了。

隨著年紀增長，筋骨會愈來愈硬，因此，最近覺得做貝爾曼旋轉有點吃力，不過，感覺還是比前年來得好。我的腰也沒有以前那麼軟。開始練四周跳那陣子，我的肌肉都硬邦邦的，所以沒辦法做貝爾曼旋轉。說到肌肉，雖然很想多增加一些柔韌的肌肉，可是肌肉太軟，反而會缺乏爆發力。我就是在滑《流浪者之歌》的時候，發覺很難找到平衡點。但是，現在感覺好多了。覺得自己總算練出適合四周跳的肌肉，柔軟度也有所提升。」

距離索契冬季奧運會還有一年半。轉投奧瑟教練門下的羽生結弦，已經有了概略但明確的階段性進化意象。首先是即將到來的索契冬季奧運會前哨賽季，屬於奠定根基的時期。他說要在長曲加入4T與4S、練好滑行技術，不僅技術動作分全都要拿到四級，執行分也要獲得加分。雖然僅是意象，一旦做到，無疑是在最完美無暇的曲目裡展現如夢似幻的表演。當時對羽生結弦而言，那還只是存在於意象中的終極理想曲目。

2012年8月 東京。

Scene
3

課題浮現

～二〇一二年首奪日本錦標賽冠軍～

視為奠定根基的二〇一二至一三賽季，羽生結弦大幅提升了曲目的難度。尤其是委託大衛．威爾森編舞的長曲《鐘樓怪人（Notre-Dame de Paris）》，正是放了兩種四周跳的高難度曲目。

除了兩種四周跳之外，還將八個跳躍中的五個（其中三個是組合跳躍）安排在跳躍基礎分乘以一．一的曲目後半段，而且跳躍與旋轉的銜接也加入複雜細膩的步法與轉體。即使是體力好的花滑選手要從頭到尾滑完這首曲目也相當吃力，何況新曲目還更改了過往賽季常用的跳躍與旋轉順序，少了自己熟悉的動作。不僅如此，這也是一首追求全新表現方式的曲目。

「這首曲目的音樂很棒，但是音樂劇的劇情頗錯綜複雜。不過，我倒是不在意。曲目的音樂比較雄渾，一開始有沉重感，後面就柔和得多。只不過，它的柔和跟我以前表演過的感覺不一樣，也帶有男子氣概。我還沒辦法掌握整首曲目，既要表現得柔和，又要沉穩有力，怎麼說呢？帶點男子氣概嗎？去年的《羅密歐與茱麗葉》感覺上不是比較年輕嗎？這首曲目比起來更加成熟。有強有弱、有柔和也有歡愉，真的很難表現。」

移居加拿大後的第一個賽季，羽生結弦在比賽前發了高燒，只得在缺乏充分練習的情況下，拉開芬蘭杯（Finlandia Trophy）的序幕。

短曲一開始的四周跳便摔了，首戰以排名第二（七五・五七分）的成績僅次於哈維爾・費南德茲。但是隔天的長曲，4T與4S都落冰，也成功跳出兩個3A，最後以一七二・五六分名列長曲第一，結果逆轉奪冠。不僅如此，他在賽季首戰便一舉達成這個賽季的一道課題「在長曲跳出兩種四周跳」。

「比賽的時候，布萊恩給了我實質上的幫助，我也滿投入（長曲表演）的。不過，感覺仍像是在成功機率還很低的情況下矇到了。」

十月下旬的大獎賽系列賽美國站，羽生結弦的表現與芬蘭杯時截然不同，從一開始全身就充滿力量。短曲包括4T在內的三個跳躍全都漂亮落冰，不但以九五・〇七分創下史上最高分紀錄，也將個人最佳成績足足提高了十二・二九分。

自這場比賽後，這首由加拿大的傑佛瑞・巴特爾編舞的短曲《巴黎散步道

（Parisienne Walkways）》，數度刷新史上最高分紀錄。往後更是深植於日本人心中，「一聽到這首曲子就想到羽生結弦」、「提到羽生結弦就想到這首曲子」。羽生結弦談起對這首曲子的最初印象：

「剛開始練這首曲子的時候，我忍不住想，這首曲子很有傑夫的風格啊，乾脆他自己來滑就好了嘛（笑）。不過，愈滑愈覺得可以展現出屬於自己特色的動作。傑夫似乎希望我能按照他的編舞動作，但也對我說：『我跟結弦一起思考創作會更有趣，如果能讓這首曲目不斷進化改變，我一樣很開心啊。』」

雖然短曲以十分之差與第二名大幅拉開差距，羽生結弦卻在比美國站的長曲中崩盤了。不僅在跳4T與4S時摔倒，速度與力量也隨著曲目進行而逐漸流失，最後的3F則是摔倒後以背部著地。他以一四八．六七分排名長曲第三，總成績第二名，冠軍為小塚崇彥。由於町田樹也獲得第三名，形成日本選手獨占頒獎台的局面。

「因為芬蘭杯的時候短曲失誤，所以這次比短曲時心無旁鶩。長曲正好相反。我對自己在芬蘭杯的表現過於自信，結果比得糟糕透頂。我感到非常沮喪，同時覺得這是一場讓我下定決心往後要發憤努力的賽事。」

羽生結弦的大獎賽系列賽第二戰，是十一月下旬在家鄉宮城縣舉辦的ＮＨＫ杯。設為比賽場地的宮城縣綜合運動公園綜合體育館，在東日本大地震時是安放遺體的場地。由於是家鄉所舉辦的國際大賽，羽生結弦的感受亦非比尋常。

短曲再次刷新自己創下的史上最高分紀錄，獲九五．三二分，首戰名列第一。

「創下世界紀錄時，我開心得不得了。最開心的是這回不是僥倖，而是自己真的可以再次拿下高分、再次呈現同樣水準的表演。」

比美國站時，羽生結弦因為沒能及時處理短曲創下高分的心態，導致長曲大崩盤。他下定決心，絕對不會在ＮＨＫ杯重蹈覆轍，要在這場大賽重新再起。

這場長曲比賽攸關能否出戰大獎賽總決賽，他雖然成功跳出４Ｔ，卻隨著曲目進行而後繼無力，摔了３Lz。接近尾聲的旋轉也失去平衡而差點蹲坐在地，雙手因此觸冰。儘管如此，與前兩場賽事相比，他的肢體動作始終充滿力量。最後以一六五．七一分名列長曲第一，總成績也獲得二六一．〇三分，與第二名的高橋大輔相差十分左右，徹底贏得勝利。

「這次比賽的短曲表現跟美國站相去不遠，長曲也完成兩種四周跳。我覺得這一點進步很多。我接連出現幾個小失誤，這樣還能衝上一百六十分大關，這對我來說意義重大，往後訓練時希望能確實建立自己的一套流程。我再次體認到自己缺乏體力的問題，美國站的時候就是因為注意力渙散，導致體力無以為繼。所以我要在訓練期間提高注意力，並且以百分之一百二十的心力投入訓練。我也花了滿多時間，做了不少（整首曲目全程不間斷的）訓練。」

關於整首曲目全程不間斷練習的重要性，奧瑟教練也表示：「美國站之後，為了將曲目以一個完整的作品呈現出來，我們做了好幾次全程練習。練習整首曲目時，不管發生什麼事都不會中斷或休息。最重要的是提高賽前的體能，而這種訓練方式也有助於增強體力。長曲就是以這種基礎訓練為主。所以結弦上場表演前，我對他說：『相信自己，相信（艱苦的）訓練。』」

十二月上旬，即將在一年兩個月後迎來冬季奧運會的俄羅斯索契舉行了大獎賽總決賽，羽生結弦連續兩年皆能出戰這場賽事。猶記前一年初次參賽，他就是震懾於這場大賽的名號以及現場觀眾對地主選手陳偉群的熱烈歡呼。

十二月七日，短曲比賽。這首持續打破史上最高分紀錄的曲目，他卻在後半段的組合跳躍摔倒了。儘管如此，旋轉與步法全都獲認定為四級，首戰以八七．一七分排在高橋、陳偉群之後，名列第三。十八歲生日當天，羽生結弦即在索契度過。

隔天的長曲，他已調整好自己的心態。雖然4S跳空成2S，但是表演從頭到尾一氣呵成，長曲以一七七．一二分排名第二，總成績二六四．二九分，成為大獎賽總決賽的銀牌得主。金牌則是二六九．四〇分的高橋。

賽季進行至此，長曲總是有不少失誤，但是他在大獎賽總決賽刷新了長曲個人最佳成績。經由這場賽事，他明白自己的長曲逐漸獲得肯定。

不過另一個問題也在此時浮現，就是擔憂體力不濟。每到長曲後半段，速度便慢下來，滑行也愈來愈無力。雖說這是一首開頭放了兩個四周跳、後半段也有非常多跳躍的高難度曲目，但為了使它成為理想中的曲目，還是希望能撐到最後。

自從比完大獎賽總決賽，他一直深受不明原因的身體不適所苦。在索契也是如此，身體狀況在長曲結束後變糟，由於反覆發燒及嘔吐，甚至不克出席隔天的記者會與表演滑。似乎是受到下榻地點的水質及衛生情況所影響。

大獎賽總決賽落幕後十三天，羽生結弦於十二月二十一日出戰北海道札幌市真駒內所舉行的全日本錦標賽。

儘管身體狀況沒有完全恢復，他依舊在最後一位上場的短曲中展現了穩若泰山的表演，並且首次在全日本錦標賽的短曲名列第一。

「我覺得今年勢必要加入爭冠行列，真的很緊張。（緊接著NHK杯與大獎賽總決賽的）三連戰也讓我的腳相當累，多少有點擔憂。儘管腿在發抖，但我心想『只要按照奧瑟教練所說的去做就好，順其自然吧』，所以我相信教練，咬牙堅持到底。」

隔天十二月二十二日，男子單人滑長曲比賽登場。和羽生結弦以九．六四分的差距名列第二的高橋，長曲賽事中是最後一組的第一個上場，以傾情投入的表演拿下一九二．三六分，獲得極高的評價。

最後一位上場的羽生結弦，臉頰與脖子瘦削單薄，不難看出他的身體狀況並非最佳狀態。儘管如此，他依然成功跳出４Ｔ，緊接著的４S勉強撐住而以步法滑出（Step out）。長曲以一八七·五五分排名第二，總成績二八五·二三分。由於短曲得分拉開差距，再加上兩首曲目表現得還算中規中矩，最終，羽生結弦在十八歲生日的半個月後，首次成為全日本錦標賽冠軍。

「我終於也站上全日本錦標賽舞台的頂點。往後我要更加精進，希望短曲與長曲都能表現得更好。就結果來說，長曲拿到第二名讓我有點懊惱。但是我放了兩個四周跳，也堅持到了最後，這一點倒是不錯。

當初的目標是盡己所能，而且４Ｓ一定要轉足圈數，現在可說是達成了。總而言之，大獎賽總決賽上跳空Salchow讓我很不甘心，如今也努力克服了這道課題。

當我還在少年組的時候，曾夢想著要在成人組的全日本錦標賽拿下第一。對我來說，成為全日本錦標賽冠軍的意義十分重大。」

雖然在全日本錦標賽首次奪冠，但長曲結束後，年長近九歲的高橋氣勢十足的表演，依然在場內餘韻繚繞。羽生結弦意識到自己的節目內容分（ＰＣＳ）仍無法追上高橋，留待解決的課題依舊不少。

「我接下來會回加拿大繼續訓練，希望技術、體力以及表現方面能更加精進。我覺得自己的節目內容分還有待加強。雖然很高興能獲得如此評價，不過，我自認為滑行與表演還不足以配上這樣的分數，所以要繼續努力，但願能憑自己的實力拿下這樣的分數。

能贏得這場比賽對我來說意義重大，可是，我一時還無法接受自己成為冠軍的事實。所以我想好好調整心態，放眼明年。」

十二月二十四日的得獎者冰演秀，是羽生結弦在二〇一二年的最後一場表演。

東日本大地震後，他輾轉於各個冰場參加冰演秀，隨後獲得世界錦標賽銅牌；過不久，立即將訓練據點轉移至加拿大，尚未適應國外生活，新賽季轉眼開幕。進入這賽季之後，十八歲即成為全日本錦標賽冠軍，但是在這耀眼佳績的背後，則是飽受身體不適所苦。即使如此，他依然持續挑戰逼近體能極限的高難度曲目。新年伊始，等待他的正是索契冬季奧運會之前的最後一場世界錦標賽。

Scene 4

苦戰

～二〇一二至二〇一三賽季後半段～

羽生結弦在一月上旬參演了「Stars on Ice」大阪場、「名古屋Figure Skating Festival」、「Japan Super Challenge」等冰演秀，結束後立刻飛回多倫多，與大衛・威爾森進一步修飾編舞動作，也與崔西・威爾森一起投入增強體力的訓練。

在多倫多度過一段全心全意滑冰的日子後，二月上旬，羽生結弦來到大阪出戰四大洲錦標賽。

他在短曲輕鬆跳出四周跳，整體表現得游刃有餘，但是最後的組合跳躍卻跳成了1Lz＋3T，得分為八七・六五分，依然名列短曲第一。

「我感覺很差啊，覺得自己表現得一言難盡。跳Lutz之前原本很開心，結果Lutz跳空了，但是我立刻接了一個3T，心情又好多了。之後的步法，我滑得非常盡興。本來以為這場表現足以讓我再次擺出勝利姿勢，卻犯下如此可惜的失誤。」

隔天的長曲，他的上眼皮在即將上場比賽前劃傷，4S因此受到影響跳空成了2

S，後半段的跳躍也出現不少失誤。長曲以一五八．七三分排名第三，總成績則是第二（二四六．三八分），落居從短曲第六名逆轉奪冠的凱文．雷諾斯（Kevin Reynolds）之下。

「我的狀態很好。但是狀態這麼好還表現成這個樣子，實在令人懊惱。不過，我也很慶幸這不是世界錦標賽。布萊恩也說：『我們調整狀態的目的是為了（瞄準）世界錦標賽。』所以我希望能徹底修正問題，一一解決反省之處。

我的狀態在公開練習之前一直都很好，4S也跳得非常好，希望未來比賽時也能有如此發揮。至於4T，我已經很有自信。這個賽季幾乎很少失敗，主要是因為從去年就一直在跳Toe loop吧。」

四大洲錦標賽是一場收穫甚豐的賽事。

移居多倫多之後開始訓練滑行的成果奏效，短曲的節目內容分裡的滑行技術（Skating Skills）項目，他獲得個人最佳的八．七五分。

自夏天起，羽生結弦的目標始終是在世界錦標賽上取得好成績。他藉著參加比賽找出問題，並在下次比賽前的短暫期間努力克服問題、留下佳績。自遠赴多倫多以來，還有一個月就能向所有人展現真正的成果。他對此表現得冷靜且自信。

然而，羽生結弦卻遭到不測風雲。

四大洲錦標賽後，他在仙台待了數日即返回多倫多，發現自己染上流行性感冒。因為發高燒的關係，他幾乎有十天無法訓練，直到二月底才能上冰。此時距離世界錦標賽僅剩兩個星期。

趁著奧瑟教練帶小選手參加世界青年錦標賽而不在俱樂部的期間，急著追回落後進度而拚命練習的羽生，這次竟然弄傷了左膝，不得不休養七天。

等他再次回到冰場，已是三月六日。距離世界錦標賽的短曲比賽，僅剩一星期。

三月十三日，世界錦標賽的短曲在加拿大倫敦市開賽。第三十一位出場的羽生結弦，4T與3Lz兩個跳躍均失誤。這個賽季在國際滑冰聯盟（ＩＳＵ）舉辦的國際賽事中刷新兩次史上最高分紀錄的《巴黎散步道》，這回以七五．九四分落居第九名，與第一名的陳偉群足足相差二二．四三分。

短曲結束後，奧瑟教練透露羽生結弦的左膝受傷了。面對記者的詢問，羽生不願詳談，只說：「這個問題等比完長曲再說，好嗎？」

短曲之後有一天的空檔。三月十五日，長曲比賽當天，他在去年的世界錦標賽上扭傷的右腳踝，竟然在早上的公開練習中舊傷復發。可能是為了保護左膝，結果使右腳負荷太大造成的。

雙腿都負傷，不靠止痛藥根本無法上場表演。可是服用了止痛藥，就會在進入跳躍及步法時失去細膩感受，連帶影響這個賽季投注不少心力練就的滑行。於是，羽生結弦毅然決然服用少量止痛藥，讓腿至少保有一點感覺，就這樣帶著不知自己能撐到幾時的痛楚前往冰場。

「左腳的傷勢真的讓我很灰心。『為什麼會搞成這樣子？』短曲結束後，我哭得超傷心。倒是沒想到電視台會播出來啊（笑）。不過，是我決定要比的，我也想為日本隊盡一分心力，所以打起精神面對長曲。（高橋）大輔選手也對我說：『你不上場怎麼行？』」

長曲出場順位是第十三個。第三組第一個就輪到羽生結弦上場。兩天前失敗的4T

成功落冰，被判為周數不足的4S也勉強站住了，其他跳躍亦一一跳成。表演結束後，他大聲吶喊著，緩緩跪倒在冰面。最後以一六九・〇五分名列長曲第三，總成績也追到第四名。

日本選手中，高橋大輔第六名、無良崇人第八名，出戰這場賽事的選手總算不負眾望，取得索契冬季奧運會日本男子單人「三席」的名額（註3）。

「（腳）還是會痛啊（笑）。我實在太亂來了。多虧止痛藥才能撐完比賽，但現在覺得疼痛有擴大的趨勢。

我真的很想站上頒獎台。布萊恩和崔西好像把我受傷的事說出去了，我本來想瞞到比賽結束的。比賽前說的那些強勢發言，感覺上也是為了激勵自己。因為從上個賽季就是用這種方式讓自己撐下去，（在比賽前說些強勢發言）成了我自成一格的例行儀式。

我心裡非常不安，布萊恩雖然也給了各種建議，可是我緊張得聽不進去，很久沒有這種勉強笑也笑不出來的感覺。我從來沒有把自己逼得這麼緊。這種緊張跟平時不一樣，是面對不安情緒所感到的緊張。因為這種緊張感跟平時完全不一樣，我才會不知道怎麼應付這類情況。更何況，我還肩負著（以全日本錦標賽冠軍的身分爭取奧運會名額的）重任，覺得自己的處境非常艱難，彷彿長久以來的努力終將化為烏有。我是以全日本冠軍的身分來到這裡，要是無法為爭取三個名額貢獻心力，實在說不過去。我深深感到這份堅持與責任感。

因為覺得現在不拚的話一定會後悔莫及，於是心想：『至少跳躍一定要成功。』『一定要拚盡全力挑戰，無論如何都要成功。』我的四周跳成功機率並沒有提高，這確實是一大挑戰。可是，挑戰了卻不成功，也毫無意義可言。我完全不考慮棄權或逃避（四周跳），只有一個念頭：『絕對要成功。』」

比賽前，奧瑟教練曾建議把預定的4S與4T改成跳兩次4T。因為Toeloop的成功機率較高，可以減輕受傷後所造成的身體與心理上的負擔。

但是羽生結弦拒絕了。因為這個賽季的目標，就是跳出兩種四周跳。再加上已經滑了這種難度的曲目，他不願意降低自己的難度。如果這次選擇採用兩個4T，下個賽季就得在曲目裡安排兩個4T與一個4S，否則他無法接受。話雖如此，羽生也表示這麼做對於奧運賽季的曲目而言風險未免太大。奧瑟教練也同意他的看法。

「我沒有降低任何編排難度，竭盡全力滑到最後，所以感到心滿意足。我也深刻體會到訓練的重要，苦練一年的成果不會因為休養一個月便付諸流水。（因為生病又受傷）我直到來這裡的前四天才能投入訓練。前面兩天，一天只能做不超過一小時的滑行。剩下的兩天，就做去除滑行與跳躍的完整曲目練習，還有輕度的跳躍練習。我沒有練四周跳，覺得自己能有這樣的表現真是不容易。就像布萊恩所說的，這一年來累積的成果，真的在最後關頭一舉成功啊。」

賽後的表演滑，他只得無奈婉拒。

隨後，他回到日本接受精密檢查，左膝是由於過度使用所引起的運動傷害，也就是膝蓋肌腱炎（俗稱跳躍膝），右腳踝的扭傷經診斷為慢性運動傷害，因此他退出四月的世界花式滑冰團體錦標賽（註4）。三月十五日，羽生結弦就此結束了索契冬季奧運會前哨賽季。

註3：若有三名選手參加奧運會前一年的世界錦標賽，成績最好的兩名選手的名次相加之和不大於十三分，次年即可直接派出三名選手參加奧運會。此次世界錦標賽中，羽生第四名、高橋第六名，兩者相加為十，未大於十三，故可取得三席名額。

註4：World Team Trophy，簡稱WTT。將單人、雙人、冰舞項目結合成一項團體賽的錦標賽。由國際滑冰聯盟（ISU）主辦的國際大賽，日本為主辦國，自二〇〇九年起每兩年舉辦一次。以當季各國選手的成績評分選出最強的六國，各國再推出八名選手參賽。比賽項目分別是男單兩名、女單兩名、冰舞一組、雙人一組，共計八名選手。

2012年10月，美國站。與布萊恩·奧瑟教練一起迎戰新賽季。

2012年美國站，短曲
《巴黎散步道》。

2012年美國站的短曲，以95.07分
創下史上最高分紀錄。

美國站的表演滑，《Hello,
I Love You》。

2012年美國站的長曲，
《鐘樓怪人》。

2013年3月，18歲。
加拿大倫敦市的世界錦標賽。
雙腿負傷依然勇奪第四名。

2012年11月，於仙台舉辦的NHK杯。
表演滑曲目《幻化成花（花になれ）》。

Scene 5

面對奧運賽季

～二〇一三年夏天～

（出自二〇一三年七月的訪談）

二〇一二年春天，羽生結弦自東北高中畢業，進入早稻田大學人類科學部函授教育課程人類資訊科學科就讀。他不是以推薦甄選或體育資優生的身分入學，而是經過一般入學考試成為大學生。

「（大學的課程）很有趣。雖然有趣，但是我要參加冰演秀和訓練，就算是函授也沒什麼時間上課，很擔心學分啊（笑）。函授課程非常嚴格，畢不了業的人相當多。不過，我絕對想畢業。所以我會配合花滑的賽季，擬訂計畫讓自己順利畢業。」

二〇一三年夏天，索契冬季奧運會即將到來。關於這個賽季的曲目，羽生結弦的想法如下：

「短曲會繼續沿用《巴黎散步道》。說到短曲，世界錦標賽的表現讓我有點不甘心，四大洲錦標賽也表現得不太好，短曲在今年以來發揮得都不盡理想。不過，這段期間在『Dream on Ice』冰演秀上滑的時候感覺非常好，我也很樂在其中，所以覺得（沿用《巴黎散步道》）也不錯。」

上個賽季由國際滑冰聯盟主辦的國際賽事中兩度刷新史上最高分紀錄的《巴黎散步道》，沒能在四大洲錦標賽與世界錦標賽中完美演出，他對此確實心中有憾。但是，他基於奧運賽季的作戰策略，選擇連續兩個賽季沿用《巴黎散步道》的想法更加強烈。

不編一首新的短曲，代表自己有更多時間投入長曲的練習。沿用一首曲目，將是首次出戰奧運賽季面臨未知壓力時的一項安心要素。當然，這項決定也伴隨著曲目失去新意的風險。因此，他需要略微改變編舞動作，將內容編排得比上個賽季更難。即使如此，羽生結弦與奧瑟教練更重視的是沿用短曲所帶來的從容自在。

「長曲是《羅茱（羅密歐與茱麗葉）》，尼諾·羅塔（Nino Rota）的曲子。一般提到《羅茱》，都會想到（眾所周知的）尼諾·羅塔的版本，所以我一直很想試試看。再說，這個賽季的曲目，將是我這四年來的集大成。

那場（二〇一二年）世界錦標賽的《羅密歐與茱麗葉》，我到現在也經常重溫。這四年期間也包括震災剛結束的那一年，感觸特別深。至於新賽季的曲目，我希望能把新的感受與震災當下的情緒傾注在這首集四年大成的曲目裡。我是懷著這樣的心思，請大衛・威爾森替我編舞。

大衛為此苦惱許久，最後還是尊重我的決定：『那就《羅茱》吧。』完成這首編舞是在五月底。我非常喜愛這首曲目。

我覺得經典也不錯啊，所以不想錯過這首曲子。一開始我也考慮過，會不會有人覺得：『怎麼又是《羅茱》？』不過，這首曲子本身跟之前完全不一樣，如果我能確實表達出其中蘊含的意義，採用這首曲名同樣是『羅密歐與茱麗葉』的曲子也無妨啊。」

長曲的跳躍編排與上個賽季大致相同，更動的只有開頭的四周跳改成先跳Salchow、再跳Toeloop，還有後半段的3Lz改成接3S的組合跳躍。

經過苦戰4S的賽季，這回面對「放進4S與4T、後半段還有不少跳躍」的曲目，身體已相當適應這種難度了。因為曲子不同，跳躍的時機與旋轉、步法當然也會跟著改變，即使如此，「連狀態那麼差的世界錦標賽都能撐下來」——憑著基於這股自信所誕生的節目內容迎戰奧運賽季，自然是再好不過。

訓練據點轉移至多倫多已經一年，羽生結弦與奧瑟教練之間也慢慢建立起信賴關係。

「（針對比賽的訓練事宜）奧瑟教練會在月曆上全部替我寫好哪一天要做什麼事，讓我準備起來很容易，因為我可以在前一天把心態調整好。感覺就像比賽一樣，『明天要全程不間斷滑完長曲，睡前先做長曲的意象練習吧。』我一直很認真在做這種模擬體驗，意志力也因此變強了吧。

奧瑟教練非常擅長調整比賽的步調。他很能在六分鐘熱身與公開訓練時控管我的狀態。我之前是很亂來的那一型，現在他會好好控管我，訓練時也會規定我練習各項動作的次數，這是為了身體著想，感覺訓練效果也提升了。」

奧瑟教練引導選手的方式有條不紊且淺顯易懂，很適合羽生結弦。來到賽場之後的指示也十分明確，讓羽生容易專注在正式比賽。奧瑟教練正穩當地控管動不動就暴衝的羽生結弦。

「我很慶幸能移到加拿大訓練。用『慶幸』來形容可不是場面話，我現在真的打從心底這麼認為。遠赴海外確實需要十足的勇氣，不過，這是大家一起煩惱之後所做的決定，所以我也要相信大家，可不是發牢騷的時候。

我跟奧瑟教練還未能充分溝通的時候，有的比賽留下了好成績，也有的比賽因為溝通受到阻礙而表現不佳。累積數次經驗後，直到NHK杯才終於展現我們兩人都滿意的表演。因為能夠呈現藉著團隊力量所領悟到的表演，我現在感到非常心滿意足，覺得移訓加拿大不是徒勞無功。

（用英語溝通）沒辦法交流的時候，那就靠氣勢（笑）。雖然我只會用like、so或You know。反正就是把這些詞一股腦兒在腦袋裡綜合起來，努力用簡單的單字說出來。總而言之，都要試著用英語表達。我正在努力啦。」

索契冬季奧運會即將在七個月後到來，羽生結弦說他每天都在思考：「奧運會究竟是什麼？」

「我不會把索契冬季奧運會當成中途點。索契之後還有平昌冬季奧運會，說不定在那之後還能再有一次，我自己也不確定。但是對我來說，索契奧運會絕對就是索契奧運會，平昌就是平昌。若是把這次奧運會當成中途點，心裡卻想著下次還有機會，我會覺得很不尊重奧運會。我認為，索契奧運會就是索契奧運會，很希望自己能夠大顯身手，所以我會全心投入備戰，但願有機會能出戰。」

二〇一二至一三賽季結束後，羽生結弦藉著與荒川靜香小姐對談的節目，向她請教了奧運會的相關問題。奧瑟教練也會與他談論對於奧運會的看法，使他一下子增加不少思考奧運會的機會。

「聆聽許多人的意見後，我明白奧運會並不是一場普通的比賽。所有經歷過的人都說，他們對於奧運會有非常特殊的情感。可是，我沒經歷過，根本無從體會。當我思考著如何將目標鎖定在自己從未經歷過的事物時，後來心想，就是對任何一切都全力以赴吧。一如既往地貫徹自己的做法，最後能如願前進奧運會就好了。

這裡所說的全力以赴不是純粹盡力而已，我希望每天每天都要拚盡全力。比賽的時候當然要慎重以對，但是我也希望平時的訓練與生活都能意識到奧運會的存在。『如果這樣做，會影響奧運會嗎？』就像這樣，希望我的日常生活步調能無時無刻感受到奧運會。

今後隨著賽事推進，離奧運會愈來愈近，我需要克服的問題也會浮現。我很想明確找出那些問題。我所說的慎重，就是這個意思。為了找出問題所在，每天、絕對、必須全力以赴才行。所以，我希望每次比賽都以完美發揮為目標，拚盡全力堅持到底。」

羽生結弦唯一沒有參加過的大賽——奧運會，四年才舉行一次，有資格出賽的選手也有限。再怎麼想破頭，也無從了解實際情況。不過，他隱隱約約覺得，那應該是超出自己的想像。正因為如此，他下定決心一定要全力以赴。

「奧運會究竟是怎樣呢？奧運會，對我來說確實就是一場比賽，只不過，我心裡有兩個自己。不是說我陷入迷惘喔，而是我心裡完全分裂出兩個人。

一個呢，非常期待登上嚮往已久的舞台。他想為了奧運會竭盡全力。不僅為了奧運會而努力，還希望這一整年都要全力以赴。至於另一個，他是非常冷靜但又感到不安的人喔。他有點擔憂，認為應該把奧運會當成和其他比賽一樣的賽事看待。即使是奧運賽季，它也和一般賽季同樣僅僅是個賽季而已。我心裡的這個人，希望把奧運會當成和世界錦標賽或四大洲錦標賽沒兩樣的比賽。

這是我目前的心境，不過，我並不想把這兩種心境混在一起。既不想抹去其中一種，也不打算兩相混雜。保持這樣就好，有時候會出現其中一方，有時候則是出現另外一方，反正它們會取得平衡，我也就算了。所以說，我對奧運會的心情，一方面想要全力以赴做好每一件事，最後不要留下任何遺憾；另一方面是把它當成普通的一場比賽。

這便是我現在的想法。

因為奧運會四年才有一次，想到選手的運動生涯裡也只能經歷幾次，有時候難免會感到不安。可是，就像我前面提到的，若是能全力以赴面對平時的訓練與生活，以及奧運會前的各場比賽，到了奧運會就順其自然吧。如果事前都盡力去做了，就算奧運會表現得不甚理想，我也會覺得自己至少努力過了。

如此一來，朝著下次奧運會而努力時，我肯定會想：『既然都這麼努力了，那（平昌奧運會之前）再拚一下吧。』『一定要多注意一點才行。』前提是這次有全力以赴的話。我認為奧運會是一個階段的結束，也覺得自己會在奧運會一結束，便再次朝著下一屆繼續努力。但願我能因此斬獲一點精神食糧，或是一盞希望燭光吧。」

滿心雀躍的自己，以及力求保持平常心的自己。兩種完全相反的心境，同時存在於自己的內心。羽生結弦對此坦然接受，並打算以這種狀態迎戰首次的奧運賽季。賽季期間，誰也不知道會發生什麼。不過，只要盡自己最大的努力，總有雲開見日的一天。他已做好心理準備。

「說到奧運賽季，我還不清楚自己能在這個賽季站上哪個位置，實際上根本不會去考慮名次高低。畢竟我也不知道這個賽季的狀態好不好，所以我不會太在意這些。我常在各個場合聽人說：『希望能發揮令自己滿意的表現。』『想要充分展現自己的實力。』但我發揮不出來也無所謂。只要把自己的體能逼到極限，覺得自己已經盡力了、再也無法做得更好，那就夠了。只要我能全心全意認真看待就已足夠。這就是我對奧運會的看法。

世界錦標賽的時候，我最常出現的狀況就是因為受傷而搞砸短曲，然後長曲再扳回一城（苦笑）。總而言之，希望自己不要再受傷了。所以我很想對賽季前半段的自己說：『沒受傷吧？』『沒問題吧？』」

經過二〇一一至一二、二〇一二至一三賽季，羽生結弦的感受是身體狀態若不佳，便無法在訓練及比賽時盡情發揮自己的實力。一心追求理想中的表演，卻因為心靜不下來而表現得不盡如人意，這種苦澀懊惱的經歷，他已經領教夠了。

「我正在追求自己的可能性。我想過自己的表演有可能改變這個時代。事實上，我覺得有一部分已然改變。然而，我們只是想要獲勝，為了追求自己的可能性而不斷鑽研及反覆練習，才得以成功挑戰跳躍。我不像哈維爾那樣一下子就能跳出四周跳。哈維爾是走在前端的人，我希望自己也能像他一樣，所以想就近觀察他。我不是謙虛喔，真的是以他為目標才加入Cricket Club。我太喜歡哈維爾的四周跳了。」

如今奧運賽季即將展開，他希望努力備戰僅此一次的索契冬季奧運會。不過，他要做的不只如此。他也希望像哈維爾·費南德茲那樣輕輕鬆鬆跳出四周跳、希望展現更高難度的步法、希望呈現完美的表演、希望刷新自己的紀錄。雖然不清楚奧運會究竟是什麼樣子，但是羽生結弦漸漸覺得，那可能是一次莫大機會，讓他得以提升自己所追求的可能性，接近心目中的理想表演。

Scene 6

奧運的戰略、與對手的戰鬥

～二〇一三至二〇一四賽季前半段～

索契冬季奧運賽季開始前的休賽季，羽生結弦花了一些時間與奧瑟教練溝通。奧瑟教練點出他調整巔峰狀態的問題，不是每一場比賽都得拚到底，而是要針對奧運會適度調整。上個賽季在後半段最令人頭疼的健康管理問題，也是與調整巔峰狀態有關。這個賽季即將面對充滿未知數的奧運盛會，所以兩人希望提前確認彼此的想法，以便達成共識。

二〇一三年十月五日的芬蘭杯，正式開啟了羽生結弦的索契冬季奧運賽季。因為奧瑟教練要陪哈維爾．費南德茲參加同個時期舉行的日本公開賽（Japan Open），於是由大衛．威爾森陪羽生結弦出賽。

上場比短曲《巴黎散步道》的時候，3A雖然跳空成1A，羽生依然名列首位。隔天的長曲，《羅密歐與茱麗葉》首次在賽場上亮相。開頭的4S與4T全部跳成，長曲以一八〇．九三分同樣高居第一，總成績也以二六五．五九分刷新個人最佳成績。

下一場比賽是大獎賽系列賽加拿大站。當時世界排名第一、世界錦標賽三連霸，而且是一般公認最有希望拿到索契冬季奧運會金牌的陳偉群也參加了那場比賽。面對跳得出穩健四周跳、展現高水準滑行技巧與步法的陳偉群，羽生結弦目前還未能打敗他而一舉奪冠。

羽生結弦很想迎頭趕上陳偉群。索契冬季奧運會之前能參與的國際滑冰聯盟賽事並不多，但是他今年能在加拿大站及法國站兩場比賽與陳偉群正面對決。「我想在這兩場比賽追過他，我想要贏過他。」六月上旬，當大獎賽系列賽的出賽選手名單出爐，他就有這種想法。

然而，短曲的四周跳有些不穩，後半段的組合跳躍也失誤成一周跳接三周跳，首戰以八〇・四〇分落居第三。

長曲也不太順利，4S摔倒，4T單手觸冰，接下來的跳躍也出現失誤。長曲以一五四・四〇分位居第二，總成績則以第二名告終，與陳偉群相差二七・二三分。

無法專注在自己身上、太容易受到周遭環境影響，加拿大站後，羽生結弦發現了問題所在。早在幾個月前便一心想與陳偉群一較高下，以致沒有把重心放在自己身上，反倒偏向了陳偉群。再加上國內的競爭對手町田樹在一星期前的美國站奪冠，看到他竟然已能滑出水準相當高的曲目並且拿下高分，讓羽生結弦深受刺激。

「我確實很想贏過陳偉群選手，這種想法有時候會干擾我。加拿大站就讓我學到了教訓。」

強烈的不服輸心態，反而讓羽生結弦遠離理想的完美表現。既然如此，就要在下一場比賽來臨前，試著將重心放在自己身上。這次比賽不失為一次轉機，使他意識到問題所在。不論訓練或正式上場，甚至不滑冰的時候，都要隨時專注於自己。

經過不到三星期的時間，羽生結弦即上場比了法國站的短曲。他漂亮地完成跳躍，也以流暢的滑行擄獲觀眾的心，短曲以九五．三七分名列第二。雖然與再次同場較勁的陳偉群相差三分多，不過，這是繼上個賽季的全日本錦標賽以來，再度展現零失誤的表演，讓他深感目前為止採取的策略是正確的。

隔天的長曲，開頭的４Ｓ跳空成了一周跳，４Ｔ也摔了，但是他隨後展現行雲流水般的滑行技巧，最後以一六八・二二分排名長曲第二。總成績第二名，與第一名的陳偉群相差三一・六八分，確定出戰大獎賽總決賽。

開頭的兩跳雖然失誤，但整體表現得還算不錯，這就是他在加拿大站之後專注練習的小小成果。

比芬蘭杯的長曲時，節目內容分的五個項目（註5）全都落在八分區間，但是在加拿大站，僅「滑行技術」項目為八・〇〇分，其他項目全被壓在七分區間。雖說跳躍一旦失誤，節目內容分往往會受到影響而被壓低，但是撇開跳躍失誤不談，若是不加強自己的節目內容分，便無法追上陳偉群或高橋大輔這類既能跳躍又擁有出色滑行技巧的選手。因此，他在加拿大站結束後，便以提升節目內容分為目標加強訓練。苦練的成果，體現在法國站長曲的節目內容分。跳躍雖然失誤了兩次，可是除了「編排銜接」以外的四個項目，全都回到八分區間。

「這次4S、4T都失敗了，還是贏不了陳偉群選手。不過，我在加拿大站之後改變自己的心態，投入長曲的訓練，確實感受到『我有成長了』，也因此產生自信，覺得目前為止的訓練方向是正確的。」

除了節目內容分有所提升以外，他的另一項收穫是即使跳躍接連失誤，依然能專注在自己的表演上。加拿大站之後，他為了不讓自己在長曲後半段後繼無力而努力訓練。例如在訓練時戴上口罩，藉此提高心肺功能；也學會有效率的呼吸方法，知道該在曲目的哪個段落調整呼吸。儘管一想到長曲就滿心懊惱，他卻不會感到不安。

十二月上旬，大獎賽總決賽在福岡拉開序幕。場館因連日爆滿而籠罩在熱烈氣氛中。日本派出的三位男子單人選手為羽生、町田與織田信成。這是羽生結弦與陳偉群在這個賽季第三次同場較勁。

羽生在短曲是第四位上場，不僅開頭的四周跳完美配合節奏，所有跳躍也跳得輕盈自在，肢體動作靈動流暢，展現了有餘裕感受觀眾喝采的從容演出。表演結束後，他也忍不住為自己的出色表現拍拍手。在主場的眾多日本觀眾面前，他一舉拿下九九．八四分，再次刷新歷代最高分紀錄，以精彩的演出名列短曲第一，迎戰下一場長曲比賽。

「關於分數，我只能說非常驚訝。不過，我的四周跳真的跳得很好，Axel和Lutz也跳得不錯。但最後的旋轉不太穩，這一點讓我十分懊惱，希望能好好調整心態，面對明天的比賽。我非常想做好跳躍和步法、旋轉，最重要的是我完成得很盡興，能把自己想做的、應該做的確實表現出來，還是不錯吧。

我在賽季前曾說，希望短曲得分破百以及刷新自己的紀錄，但我今天完全沒去想這些，只專注在自己身上，盡己所能做到最好。得分破百，雖然是國際滑冰聯盟比賽的一件大事，但短曲就是短曲。今天我想好好享受這份喜悅，希望明天再把明天該做的事做好。」

隔天的長曲，漂亮完成兩個四周跳並且一氣呵成滑完曲目的陳偉群，獲得一九二．六一分的驚人高分，總成績為二八〇．〇八分。最後一個上場的羽生結弦，就在全場仍未從震驚中回神的情況下登場。

這是《羅密歐與茱麗葉》首次在日本賽場上亮相。4S雖然摔倒，但是他展現了本賽季四場比賽中整體表現最佳的長曲表演。

長曲得分為一九三．四一分，總成績二九三．二五分。

此時此刻，不僅是羽生結弦第一次勇奪大獎賽總決賽冠軍，也是他第一次戰勝陳偉群。

經過重點加強的節目內容分，體現在這次大獎賽總決賽的長曲，五個項目全部提升至九分區間。

「從加拿大站到法國站，我的心態真的改變很多。我開始想要加強表演，為了提升節目內容分而努力訓練。只不過，從法國站到大獎賽總決賽這段期間，我並沒有投入太多心力重點加強這部分，所以（能在這個階段獲得如此高分）有一點驚訝。事實上，我感覺非常疲憊，滑得也有些吃力，能拿到這樣的分數當然很開心，但也覺得自己要更加努力才行。

我沒有去想陳偉群選手或其他選手的情況，也沒想過輸贏問題。這次的重點就是全心全意享受滑冰而已。至於比賽輸贏，雖然還是稍微想了一下，但是沒想出什麼結論。這就是我現在的實際想法。」

自溫哥華冬季奧運賽季後，陳偉群已連續稱霸三屆世界錦標賽。能在奧運會之前的這段時期戰勝屹立不搖三個賽季的王者，對羽生結弦而言，成了迎戰奧運會的關鍵部署。

決定索契冬季奧運會日本國家代表隊選手名單的全日本錦標賽，就在短短十天後開幕。

「我很高興能贏得大獎賽總決賽冠軍，但長曲表現得不盡理想。正因為我的狀態還不錯，更覺得那一場比賽令人懊惱。至於短曲，我倒是跳出了接近理想的4T。

全日本錦標賽也不容易，自有它的難度在。因為全日本錦標賽拚的是奧運會的參賽資格，自然令人緊張。我當然也不例外，非常緊張啊。」

十二月二十一日，全日本錦標賽於觀眾爆滿的埼玉超級體育館（Saitama Super Arena）正式開賽。

攸關索契冬季奧運會參賽資格的全日本錦標賽，不同於本賽季開賽以來的任何一場賽事，預計過程將比大獎賽系列賽更加艱辛。日本男子選手的水準相當高，但是不可以因此自亂陣腳，必須專注在自己身上。

「我不覺得自己在大獎賽總決賽上燃燒殆盡了，得要到這場比賽結束後才是真正耗盡全力。我一直沒有放鬆情緒，身體也保持靈活機動。如果能好好掌控自己，就可以在短曲與長曲表現得不錯。

與陳偉群選手交戰三次，讓我對自己產生不少信心。我覺得這些經驗對這次比賽很有幫助。我認為，確認自己是否滿意的標準不是名次高低，而是自己能發揮多少實力。這才是我最重視的部分。其實從表情就看得出來。表演結束後，看我到底能笑得多開心就知道了。」

羽生結弦在短曲的出場順位是第二十五個，分組裡則是第二位上場。4T與3A全都漂亮完成，雖然不如大獎賽總決賽那樣出色，但是肢體表現靈動，穩健地完成兩分五十秒的表演。由於全日本錦標賽不是國際滑冰聯盟主辦的賽事，得分不列為正式紀錄，不過，他的短曲得分為一〇三．一〇分（第一名），首次突破百分。在全場熱烈的歡呼中，羽生結弦並沒有因為得分而顯得興奮過度。

「我鬆一口氣。全日本錦標賽有一種獨特的緊張感，真的很有壓力啊。

我在練習期間就表現得不錯，但是覺得這次沒辦法把情緒好好掌控到比賽前一刻。總而言之，為了讓自己樂在其中，我要一邊回想什麼時候最開心，一邊提醒自己掌控情緒以便集中注意力。話雖如此，我認為這次的情緒掌控得比過去以來的平均值還要好。

發現3Lz的軸歪掉的那一瞬間，我心裡驚了一下，不過，我平時有做過在這種狀態也能繼續跳的練習，所以選擇相信練習的成果，讓身體自行應變。

我在表演時比平常投入更多情感，而這份情感也如願體現在全日本錦標賽上。真的很慶幸能獲得這樣的分數，讓我也忍不住想歡呼：『太好了！』只不過這是國內賽，不是國際滑冰聯盟主辦的賽事。

我這次有全神貫注，也抱著『好好掌控自己、好好審視自己』的心態。希望明天能努力樂在其中做好該做的事，盡情完成表演。」

羽生結弦在長曲是最後一組第一個上場。由於大獎賽系列賽是根據短曲的名次高低決定長曲的上場順序，因此，他很罕見地這麼早出場。因為奧運會也是以抽籤決定上場順序，他希望自己不管抽到什麼順位都不受影響，所以這次這麼早出場也算是如他所願。

表演一開始，一心想要跳成的4S就摔了。緊接著的4T在落冰時的重心也偏低，幸好接下來的表演整體來說沒有重大失誤。得分為一九四．七〇分（排名第一），總成績為二九七．八〇分。這四分三十秒的表演使他成功連霸全日本錦標賽。

「我很不甘心。打從今年以來，長曲的表現一直讓我很懊惱。大獎賽總決賽也一樣，都是一開始的4S出現失誤，再靠後半段的3A和組合跳賺取分數。我跳4S的經驗還是不夠啊。我在去年和今年都一直在挑戰4S，失敗的次數愈多，成功的機率應該也會提高，所以這次也是一次很好的經驗。

我覺得這次有集中注意力。畢竟六分鐘熱身時的狀態並不理想，如何保持自信確實是個問題。不過，因為我有專注在自己身上，才能在4S失敗後憑意志力跳出4T。」

至於最終名次，冠軍是羽生、第二名是町田、第三名是小塚崇彥，接下來依序是織田、高橋大輔、無良崇人，並由羽生、町田、高橋獲得索契冬季奧運會日本國家代表隊的參賽資格。

「這是我第一次參加兼作選拔奧運會參賽人選的全日本錦標賽，沒想到竟然這麼緊張。真的緊張得胸口快悶得喘不過氣了。

我很開心能出戰奧運會，除了開心也不知該怎麼形容。不過我也必須調整心態，因為真正的考驗現在才開始。我在這次的比賽也發現新的課題，短曲和長曲都有許多不足之處，我需要好好省思，堅定自己的決心，希望能從這條起跑線踏出穩健的一步。

總而言之，我要維持自己的步調，感覺就像不急不躁地做好現在該做的事吧。我也一直在努力不要太執著於未來或過去，而是好好把握當下。」

距離奧運會還有一個半月。他再次下定決心，要竭盡全力做好自己能力所及之事，才能滿懷自信面對那一天。

註5：包括滑行技術（Skating Skills）、編排銜接（Transitions）、表現/執行（Performance / Execution）、編舞構成（Choreography）、詮釋表演（Interpretation）。

Scene 7

邁向冰上王者之路

～二〇一四年索契冬季奧運會～

二〇一四年一月，羽生結弦在家鄉仙台度過這一年的新年。短曲刷新史上最高分紀錄、新晉大獎賽總決賽冠軍、獲得索契冬季奧運會參賽資格……媒體接連數日專題報導才剛滿十九歲的羽生結弦。這段期間與外祖父母、表兄弟等親戚悠閒共處的時光，舒緩了他因為緊張而緊繃的身心。

儘管即將迎戰從未經歷過的奧運盛會，但是他幾乎沒去思考調整巔峰狀態等問題，而是與表兄弟一起遊玩，趁著艱辛賽季的美好空檔，讓身心得以稍作歇息。

他在一月上旬回到多倫多，正式投入訓練備戰奧運。

二月三日，羽生結弦帶著比參加一般賽事更多、預計要待二十多天的行李抵達索契。十九歲的他穿著索契冬季奧運會日本代表團的灰色西裝，神情顯得清新爽朗。

「在前來索契的班機上，感覺乘客幾乎全是奧運代表團的一員，所有人都是很優秀的選手，讓我興奮又期待。我今天會先調養一下身體，把比賽的感覺找回來，明天開始好好努力。」

隔天二月四日，他開始練習。身體的狀況還不錯，白天練習時也試跳了3A，感覺相當好。

二月六日，索契冬季奧運會的團體戰在開幕前夕開賽。第一個比賽項目是男子單人短曲。羽生結弦參加了這場比賽。

最後一個上場的羽生，彷彿隨著《巴黎散步道》的旋律一路哼唱著滑行，4T漂亮落冰，其餘跳躍與步法也穩健地完成，表現完美。不過，這場表演稍微保留了一些實力，得分為九七・九八分。雖然比不上大獎賽總決賽的九九・八四分，但也深受好評。

「我覺得很痛快，但畢竟（奧運會）還沒結束，我本來不是會激動到擺出勝利姿勢的人，只是想到能幫上日本隊才那樣（擺出勝利姿勢）。這一場不是為我自己而滑，真的非常緊張，很開心能為了日本隊拚盡全力。

第一場公開練習的時候，我的身體完全動不了，不禁心想：『原來這就是奧運會啊。』但實際滑了之後，這幾天漸漸覺得『這就是一般的比賽嘛』。因為自己真的在團體戰全力以赴滑到最後了，我想應該可以把這種最佳狀態維持到個人戰。

我認為，在個人戰之前先在團體戰滑短曲很有加分效果啊。不是說比其他選手更占優勢，而是能幫助自己了解現在的狀態如何。離個人戰還有一星期，這一點對我來說也很有利。因為我可以好好利用這段空檔，把個人戰當成另一場比賽來調整。」

第一次出戰奧運會，羽生結弦在首秀結束後的心得是，只要像平常一樣拚盡全力，就能獲取佳績。在距離個人戰還有一星期的情況下，身體還未達到巔峰狀態也讓他感到放心。這是他轉投奧瑟教練門下所學到的——不要光憑氣勢與力量戰到最後，而是要經過縝密安排，將身心調整到最佳狀態時再來應戰的方法。他有預感，這套方法十分適用於索契冬季奧運會。

話雖如此，這一個星期與以往賽事仍是不同，他需要留心許多事情。到底該如何在短短一星期裡消除拚過一場奧運重要賽事的疲累呢？放鬆過一次後，該如何再次集中心力呢？這一星期感覺相當漫長。

二月十三日，男子單人短曲比賽開始。第十九位上場的羽生結弦，踏著輕快的步法滑起《巴黎散步道》，所有跳躍皆是輕盈俐落地從容落冰。

一〇一．四五分，這場表演一舉拿下史上最高分，而且是國際大賽史上短曲首次破百分的絕佳成績。知道自己的得分後，羽生結弦雙手用力握拳，大喊：「太好了！」接著輕輕拍手。

「很高興能拿到三位數的分數。我沒想到自己可以超過一百分，能在奧運會如此盛大的舞台展現超越百分的表演，真的很開心。

我的腿抖得超厲害啊（笑），緊張的程度簡直跟團體戰的時候沒法比。

總而言之，最重要的是保持樂觀的態度，並且努力讓自己往好的一面想。我在比全日本錦標賽還有大獎賽總決賽的時候都是這樣做，而我今天也做到了保持樂觀的態度。

在奧運會結束之前，我應該都會繃緊神經吧，這一點我倒是覺得沒問題。為了掌控自己的狀態，我接下來會更加注重身心合一。雖然目前還不算是巔峰狀態，但我覺得狀態調整得很不錯，希望還能再進一步提升。」

分列短曲前三名的羽生、陳偉群與哈維爾．費南德茲所出席的記者會，持續開到凌晨十二點左右。這次的奧運會因為安插了團體戰，導致個人戰的短曲與長曲中間少一天空檔，成了連比兩日的賽程。世界錦標賽或其他賽事雖然也會如此安排賽程，但是奧運會的開賽時間相當晚，迫使每位選手都得在身心面臨嚴苛挑戰的情況下奮戰。

羽生結弦也不例外，他試著努力在如此短暫的時間裡集中注意力，更加謹慎地做著比賽前常做的例行儀式，確認自己該做什麼、需要什麼。

「這些本來就是我在思考『怎麼樣才能發揮最佳表現』時所產生的例行儀式。但是我發覺，這段期間有點太執著於『做例行儀式』，反而忘了本來的目的。我只是為了讓自己安心而刻意做些與平時無異的事情。」

隔天二月十四日，男子長曲最後一組第一個上場的費南德茲與第二個上場的高橋大輔都在表演中出現失誤。接下來是全場矚目的焦點，分組第三個上場、抽籤抽到第二十一順位、短曲排名第一、同時是最有奪金希望的羽生結弦。

唱名之後，他一如往常地往後滑向冰場中央，以彷彿劃十字的動作確認自己的跳躍軸心，接著來到起始位置。他露出笑容，喃喃自語著「來吧，盡情享受吧」，隨即等待表演《羅密歐與茱麗葉》。

雖然一開始的4S摔倒，但緊接著的4T完成得漂亮。可是，接下來的3F再次摔倒。以往並不那麼困難的跳躍竟然失誤，使他亂了陣腳，體力快速流失。進入曲目後半段，雖然穩健地跳成3A+3T，但之後的滑行速度不盡理想。

腿好沉，身體動不了，難道是奧運場上的魔鬼在搗亂嗎——羽生結弦在六分鐘熱身時就有些焦躁，曲目開頭失誤了兩跳，讓他深感金牌離自己愈來愈遠。

曲目進行到後半段，雙腿愈來愈沉，體力逐漸流失，消極的念頭也油然而生……即使如此，他依然秉持一股拚勁。不論面對何種情況，都要竭盡全力拚到最後。

長曲結果出爐，羽生得到一七八．六四分，總成績為二八〇．〇九分。由於他在大獎賽總決賽的長曲拿到一九〇分以上，總成績也超過二九〇分，即使目前僅剩三位選手未出場，暫列第一的他依然覺得奪金無望。

然而，在羽生之後出場的陳偉群，接連在四周跳與3A出現失誤。後續出場的兩位選手，總分也未能超越二八〇分。

最後，由羽生結弦榮登索契冬季奧運會冠軍。

當時正在混合採訪區接受採訪的羽生，從記者那裡聽到自己的排名時，一臉難以置信地直呼：「Oh My God！」

「我只能說，真的很驚訝。老實說，我不滿意自己的表演，3F對我來說是成功機率比較高的跳躍，這次竟然失誤了，我想還是有點緊張吧。

我真的很懊惱長曲最後表現成那個樣子。雖然得以摘下金牌，可是沒能在如此盛大的舞台上發揮自己的能力與實力。我還是很緊張啊，再次深刻感受到登上奧運舞台有多艱難。」

在混合採訪區另一頭等待的奧瑟教練，給了羽生祝福的擁抱，並且說道：「結弦，我知道你並不滿意長曲的表演，但是你要對自己感到驕傲，你可是正大光明贏得比賽的奧運冠軍。」

隨後的記者會上，外籍記者不時向他詢問東日本大地震一事。

「我不知道自己是否應該談論海嘯或地震。我現在雖然是金牌得主，但是我一個人的努力，對於重建家鄉並沒有實質幫助。所以，我心裡真的有一種無力感，覺得自己沒能做些什麼。雖然拚了老命在奧運會拿到金牌，但是我想，一切是從我成了奧運金牌得主之後才開始吧？我現在覺得，或許今後可以為重建家鄉做些事情。

要我談論震災及海嘯，真的很難。尤其是成為奧運冠軍後，更覺得困難。那場震災過後，我沒辦法滑冰，這一點無庸置疑。我也真的考慮過放棄滑冰，因為當時連生活都成了問題，十分窘迫。

失去冰場的那幾個月，因為有人邀我參加冰演秀，我才有機會滑冰。那段期間裡，多虧荒川靜香小姐與高橋大輔選手、小塚崇彥選手、淺田真央選手等人還有許多滑冰運動員一起策劃了慈善活動，我的訓練冰場才得以復原，終於能上冰練習。

由於我還沒有轉投職業，能做的事情並不多，但是我希望將來能舉辦慈善活動，除了感謝曾經幫助過我的滑冰運動員，也希望向受到震災牽連或遭受災害的人們表達我的心意。

我現在一個人在這裡。雖然日本男子花滑選手只有我一個拿下了金牌，但是站上頒獎台時，我真的很高興自己能帶著所有日本人的期望，以及全世界所有替我加油的人的心意完成表演，覺得自己算是不負眾望了。」

此刻對羽生結弦來說，比起成為奧運冠軍，沒能在剛才的長曲展現完美演出的懊

惱，以及三年來對故鄉難以忘懷的情感顯得更加深刻。他並沒有發自內心地沉浸在喜悅裡。

儘管如此，隔天二月十五日，在獎牌廣場所舉辦的頒獎典禮上，羽生穿著一襲深藍色日本隊服，脖子上戴著獎牌，對廣大群眾報以燦爛的笑容，神情與前一天判若兩人，顯得無比爽朗。

「我還是很開心。我想，這句話就能代表一切。現在看起來或許只有我一個人戴著獎牌，但我不覺得只有我一個人戴著。一路以來支持我、為我加油打氣的所有人的心意，全都凝聚在這塊獎牌裡了。

看到大批群眾蜂擁前來觀賞頒獎典禮，還有人揮舞著日本國旗替我加油，真的非常開心。還有，場上響起國歌〈君之代〉的那一刻，我深深為自己身為日本國家代表隊、身為日本國民、身為羽生結弦而感到無比驕傲。

我現在已經不再感到不甘心了，老實說，是讓自己不要想。我現在不想再去想這些，只想好好沉浸在這份幸福裡。

我不斷回想起周遭人們對我的期望，以及自己與所有支持過我、指導過我的人們之間的點點滴滴。

身為奧運冠軍，自然需要承擔責任，下回比賽時，就得背負著『奧運冠軍』的頭銜。所以我希望自己變得更強。我心目中的奧運冠軍就是葉甫根尼·普魯申科選手，因此，我想成為普魯申科選手那樣出色強大的選手。

我想慢慢欣賞這塊金牌（笑）。除了我的家人以外，一路以來照顧過我的人也非常多，我很想把這份喜悅分享給支持我的人以及所有日本國民。」

二月二十二日，羽生結弦在表演滑登場。他選擇《天鵝湖》做為新科奧運冠軍的表演曲目。如同震災後第一場表演會，他總是在重要場合表演這首意義重大的曲目。

「我在表演滑的時候非常緊張，但是我感受著得以滑冰的喜悅滑到了最後。我總是帶著從逆境中奮起的意象滑這首曲目。我很想在索契冬季奧運會上展現自己這四年來集大成的成果，希望能把自己在這段期間遭遇了震災、從絕望中振作、從苦難中奮力向上的模樣表現出來。」

長久以來嚮往追求的奧運會，就此落幕。

一個月後，還有賽季最終戰的世界錦標賽。這是羽生結弦僅僅登過一次頒獎台的重要賽事。況且場地就在日本。他希望能為所有在奧運會上替他加油打氣的人展現精彩表演。最重要的是，他想要以奧運會上未能展現的完美演出結束這個賽季。

他懷著這份心願，在二十三日的閉幕典禮上，與各項競技的運動選手一起度過卸下緊張、壓力的寶貴時間。

2014年2月13日，19歲。
索契冬季奧運會短曲《巴黎散步道》。

©Takao FUJITA

索契冬季奧運會短曲。
「ㄟ」字形的拖刀（lunges）
技巧已成了羽生的代名詞。

©Takao FUJITA

在奧運盛會創下短曲史上
最高分紀錄的101.45分。

©Takao FUJITA

隔天2月14日所舉行的長曲賽事。
全神貫注做著「例行儀式」。

©Takao FUJITA

索契冬季奧運會的長曲《羅密歐與茱麗葉》。
竭盡全力拚到最後一刻。

©Takao FUJITA

Scene 8

確實感到成長

～二〇一四年世界錦標賽～

二月二十五日，羽生結弦自索契奧運會光榮返國。大批粉絲擠爆成田機場，熱烈歡迎日本國家代表團回國。當周遭人們為了索契冬季奧運會奪金而歡欣鼓舞時，羽生滿腦子只想著世界錦標賽。

兩天後的二月二十七日，羽生動身前往多倫多。主要是因為索契冬季奧運會之後，他因為扁桃腺發炎而發燒，不太能上冰練習，所以他希望回到多倫多靜下心來備戰世界錦標賽。

「在世界錦標賽之前的這段期間，我一直充滿鬥志。搞不好比迎戰奧運會的時候更加勤練長曲吧，相對的也導致短曲的練習減少。不過，我一定要好好努力，長曲絕對要做到零失誤。」

這個賽季的目標始終是健康管理與身體照護，他覺得這項目標達成了。不過，還有一項未能達標。他希望接下來的世界錦標賽，長曲的4S與4T一定要成功，所以他要好好確認身體已牢牢記住表演長曲時所需的體力分配與呼吸方式，更重要的是希望自己不要受周遭環境影響，集中心神滑完短曲與長曲。

二〇一三至一四賽季最終戰——世界錦標賽。舉辦這場盛大賽事的埼玉超級體育館，連日來座無虛席，幾乎都有超過一萬兩千名觀眾入場觀戰。

三月二十六日，男子單人短曲賽事登場。或許是陳偉群與高橋大輔都沒有出賽的關係，對羽生結弦來說，這是他首次以最有奪金希望的參賽者身分迎戰世界錦標賽。不過，分在最後一組、第二十九位上場的羽生摔了四周跳，首戰得分為九一．二四分，落居町田樹與哈維爾．費南德茲之後，排名第三。

「今天表現得不好，我很不開心。我有點氣自己。長曲我會盡全力好好發揮，希望到時候能開心一點。

我對奧運會的長曲表現也很不滿意，所以這段期間在加拿大逼自己拚命練習。可是，我依然在世界錦標賽上失誤了，還落到第三名。我無法接受自己這個樣子。為了迎戰後天的長曲，我要好好把握當下，不再沉溺過去。

日本有這麼多人喜愛花式滑冰，大家特地前來觀賞日本選手以及世界各國選手齊聚一堂的世界錦標賽盛會，並且因此認識更多各國新秀。身為一名滑冰運動員，我對此感到非常開心。雖然我表現得不是很好，但是能在眾多觀眾的殷殷注視下完成表演，覺得自己真是幸福啊。」

三月二十八日的長曲，羽生結弦是第二十一位出場。本賽季最後一場長曲，歷時兩個賽季不斷精進的４Ｓ與４Ｔ全部成功，其餘跳躍也沒有摔倒，順利滑完整首曲目。最後以一九一・三五分排名長曲第一。總成績為二八二・五九分名列第一，羽生如願在世界錦標賽奪下首冠。

「感覺長曲的時間很短暫。事實上，我好幾次都是硬撐下來的，表現得並不理想。不過，能在最後一場比賽將《羅密歐與茱麗葉》這首曲目撐著站到最後一刻（沒摔倒），我真的很開心。

總之，我覺得自己盡力了。這首曲目安排了不少高難度要素，我一整個賽季也始終跳不好兩個四周跳，能在本賽季最終戰挑戰成功讓我感到很欣慰，再來就是非常開心，覺得自己很努力了。

我心裡十分想贏町田選手。索契冬季奧運會的時候，我的短曲表現比較好，可是（與第二名的陳偉群）分差只有三分左右，因為擔心被追過而沒有好好穩住自己的心態。不過，這次在短曲（與第一名的町田）足足差了七分，雖然有點緊張，但是我其實比較擅長在長曲扳回一城，因此反而能以較正面的心態面對吧。

至於壓力，我覺得索契冬季奧運會的時候比較大。然而，正因為我在索契冬季奧運會留下好成績，所以這次比短曲的時候特別緊張。不過，每一場比賽都不一樣，自然不會有同樣的感受，但願自己能隨機應變、好好表現短曲與長曲。

賽季首戰的芬蘭杯就在曲目裡安排了4S，我也跳成功了，幾乎零失誤地表演完長曲。感覺自己總算在這場比賽回到起跑線上。

一路走到這裡，我思考了許多掌控情緒的方法，想著該如何調適自己的心情。這些方法是我讀了許多書、腦子裡塞滿許多理論之後，經過一番思考得來的。但是這次比賽讓我深刻領悟到，除了運用這些理論，我也能透過理論之外的方法調適自己的心情，同樣能好好正視自己的情緒。我覺得自己在每一場比賽都有所成長，這次應該是讓我成長最多的一場比賽吧。」

三月三十日，羽生結弦出場了表演滑，人生首次的奧運賽季就此結束。這些日子以來，他沒有虛度光陰，也思考了許多。回顧十八歲後半段至十九歲前半段，他一舉囊括大獎賽總決賽、全日本錦標賽、索契冬季奧運會、世界錦標賽等重大賽事的金牌。

Scene 9

災區所見所感

～二〇一四年休賽季～

（出自二〇一四年四月與六月的訪談）

二〇一四年四月，羽生結弦參演了日本國內眾多冰演秀。世界錦標賽才剛結束不久，他就在冰演秀的練習期間嘗試4Lo，並且挑戰成功。

「我跳出4Lo了！是在四月七日那一天，幾點鐘我忘了，（為了準備冰演秀的）白天練習時跳出來的。在大阪參加世界錦標賽表演滑的時候，我也試著練習跳過一、兩次，感覺自己應該跳得出來。

我現在很期待未來的發展。也許時代會改變吧，不是嗎？我覺得規則一定還會再改。再說，我們在奧運會上都出現不少失誤，（其餘選手）往後一定會變得更強大。四周跳的種類也有可能會增加，所以我現在真是充滿期待。

這次參演冰演秀的最大目標，就是要求自己做出『傳遞訊息的表演』。這是我至今還有待加強的部分。大致來說，我在冰演秀的場合可以充分做到這一點，但是比賽的時候，關注的焦點就會轉到跳躍，只想著『來吧，跳吧』。因此，我希望趁著冰演秀期間，盡量習慣這種表演方式。

一直以來，我比較偏向把情緒一點一滴累積在心裡，表演的時候就是不斷、不斷地深入自己的內在。我在這次參演的冰演秀上常表演《幻化成花》，《幻化成花》的歌詞裡出現滿多次『我們』。使用『我們』這個詞，就有向周遭人們傾訴的意思，所以我在表演時會盡量詮釋出將心意傳達給身邊人們、傳遞到更遙遠的地方去。

但是，如果讓思緒飛得太遠，就會完全顧不到近在眼前的跳躍。平常在跳躍的時候，我的眼睛多少還是能顧到周遭環境，甚至隱約有一種自己正在集中注意力的感覺，像是『我的身體正在做某個動作』或是『一下子跳出來了』，心裡會有這種感覺。可是，如果想著一定要把心意傳到更遙遠的地方去，這種注意力就會有點渙散。

真的很難啊。不過，（町田）樹選手就能做到這一點，其他選手也做得到。我想，這應該是可以訓練的吧，我現在正在努力。

我算是情感波動比較大的人。不過，我不會想要把這種情感當成自己的一部分展現出來，或是往自己的『內在』不斷醞釀，而是希望有能力將它充分釋放到『外在』。像這些情感表現的基礎，例如擺姿勢等等，因為距離下一屆奧運會足足有四年時間，如果可以的話，我想要慢慢學習。

在冰演秀或比賽中表演時，我常常因為太投入曲子裡，導致情感直接在自己心裡消化掉了一大半。感覺就像戴上耳機這樣聽音樂（做出戴上耳機閉上眼睛聽音樂的樣子）。可是，我覺得不應該是『自己一個人戴耳機聽』，而是要『用音響放出來讓大家一起聽』才對。用音響放音樂讓大家一起聽，才能讓身邊的人確實感受到音樂，所有人也才能因此融成一片。我最近就是花很多心思在這方面。」

六月十三、十四日，他首次挑起大梁，在家鄉仙台舉辦了冰演秀「Together on Ice」。邀請普魯申科與強尼．威爾等多位與自己交情匪淺的前輩滑冰運動員，以及本田武史、田村岳斗等與仙台有淵源的滑冰運動員及音樂家共襄盛舉，在爆滿的場館裡向所有人傳達自己的感謝之情。

「我很開心！因為《CHANGE》是現場演奏的，音樂和表演很難契合無間。也因為是現場演奏，所以節奏變得很快。雖然我也加快了自己的動作，但是有些部分還是跟不上。

不過，最後一場公演的時候，我與柴田三兄妹（津輕三味線樂團『疾風』的成員）一邊以眼神交流，一邊確認：『要來了嗎？準備好了嗎？』最後就契合無間了。我們之前對音樂都有各自的想法，照自己對音樂的詮釋滑冰或演奏，但是到了最後一場公演，雙方都有一種共識，想要同心協力完成一部作品，所以呈現出來的效果非常好。因為現場演奏的關係，我的情緒也很容易投入。這已經是第三場演出，大家都懂得拿捏彼此的距離感吧。感覺非常痛快啊。」

奧運賽季剛結束的休賽季，羽生結弦立刻投入冰演秀、編舞排練、各種活動、大學課業以及訓練，幾乎沒有休息時間。

「奧運會之後的燃燒殆盡症候群……我有啊。奧運會後，我還是因為長曲表現得不盡理想而感到沮喪。後來的世界錦標賽結束後，我也因為短曲表現不佳而心情低落。不過，一方面也（自認為）已經盡力了。我其實沒有太多時間想這些，所以不太清楚是不是燃燒殆盡了，畢竟我得立刻忙著籌備冰演秀。不過，我有感覺到：『啊，我這是燃燒殆盡了吧？』讓我意識到這一點的契機，就是這段期間（六月）為了電視台的採訪去了災區一趟吧。

這是我在震災後第一次前往受到海嘯侵襲的地方，也探訪了石卷的中學。我在全校師生面前談論有關滑冰的事，不過，學生們更開心的是看到我帶了金牌過去，而且一見到我，就露出無比燦爛的笑容。學生們的笑臉，讓我第一次深刻了解到，或者說親身體會到，自己真的能夠鼓舞受災的人們以及有過痛苦經歷的人們，這一點讓我非常開心。最感動的人應該是我，覺得自己也獲得鼓舞了。

這些人有可能在海嘯中失去親戚，甚至是家人。他們可能親眼目睹海嘯來襲，洪水也許沖來了不計其數的各種雜物，他們的房子及殘磚破瓦或許就在其中載浮載沉，但只能眼睜睜看著這一幕。他們就帶著種種痛苦與悲傷，艱辛地熬過三年。看到他們能夠以燦爛的笑容歡迎我的到訪，和我一起留下許多美好回憶，這時候真的覺得：『啊，還好我有繼續滑冰……』姑且不論自己表演得如何，能像這樣帶著奧運金牌的成績面對大家，並且因為奧運會的短曲表現得十分精彩，多多少少讓大家留下印象，我對此感到很開心。如果災民能因為我的到訪而有那麼一瞬間忘掉痛苦，我會覺得這是十分有價值、非常有意義的一件事。所以，我當時心想：『希望下次也能拿到（奧運金牌）啊。』

我覺得最重要的是有察覺到自己情緒低落。事實上，我心裡一直要求自己『非做不可、非做不可』，冰演秀的時候也是滿腦子想著『非做不可、非做不可』，所以才嘗試了那麼多種四周跳。我看起來像是藉此保持動力，可是我的動力卻沒有從內心深處跟上來。

我想要全心全意努力滑冰，不要只在表面上顯得積極，希望心態上也要更積極一

2014年7月，「Fantasy on Ice」新潟場。
《The Final Time Traveler》。

些。再說，我在仙台的『Together on Ice』冰演秀能夠全神貫注地表演，也是因為有幸能在氣氛良好的環境中表演的緣故。

接下來要面對下一屆奧運會，但準確來說，比起奧運會，我得先好好努力拿下新賽季的世界錦標賽（冠軍），還有贏得大獎賽總決賽。

我有一點人生在倒數計時的感覺。

我會在平昌奧運會之前好好努力。在那之後，我還不太清楚自己想要做什麼，但是希望下次奧運會之後，能把這次在索契奧運會嘗到的無力感消化掉。

不過，這都是『以後』的事吧。我現在還是現役選手，既然是現役，就要以運動員的身分全心投入競技。而我現在最想要做的就是以運動選手的身分全力應戰。」

這是十九歲又四個月大的羽生結弦，最真誠無欺的想法。

2014年6月，在家鄉仙台舉辦「Together on Ice」冰演秀。首次挑大梁帶動現場氣氛。

「Together on Ice」中接受普魯申科獻花。
與羽生交情匪淺的滑冰運動員齊聚一堂。

PANDALION以及MONKEY MAJIK等以仙台為活動據
點的音樂家也共襄盛舉。

2014年6月，在大分縣別府市
舉辦冰演秀期間接受訪問。

展露一手劍玉功夫。據說在
休息室相當流行。

Scene 10

遭遇意想不到的傷病

～二〇一四至二〇一五賽季前半段～

（出自二〇一四年六月、二〇一五年八月的訪談）

二〇一四至一五賽季，羽生結弦已重整心態，繼續投入滑冰訓練。六月的時候，他已完成兩首曲目的大致架構。

「短曲是蕭邦的《第一號敘事曲（Ballade No.1,Op.23）》，編舞是傑佛瑞・巴特爾。根本累到爆啊。剛開始比較緩慢，到了最後愈來愈激烈。後半段預計放一個４Ｔ。預定先跳３Ａ，然後是兩個旋轉，接著是４Ｔ，最後是３Lz＋３Ｔ。編排銜接（Transitions）也非常難。首先是交叉步（滑行），最後安排了許多銜接動作，所以我必須比平常更留意交叉步的浮腿等細節，才能讓動作顯得更美。

我以前也滑過古典樂，包括芭蕾舞曲在內，就有《火鳥》與《帕格尼尼主題狂想曲》，但是《第一號敘事曲》感覺就是純粹以鋼琴演奏的曲子，所以我得詮釋得更細膩一些。

長曲是《歌劇魅影（The Phantom of the Opera）》，我要演魅影！《歌劇魅影》是我很久以前就想表演的曲目。它是花式滑冰的經典曲目，一直以來看了不少人用這首曲子，心裡就想著：『好想滑啊、好想滑啊。』念國中的時候，曾在音樂課看了電影版《歌劇魅影》的錄影帶，再次勾起我『好想表演』的強烈欲望。當時是國中二年級，所以我已經想了五、六年啊。

《歌劇魅影》這首曲子，陳偉群選手曾滑過，高橋大輔選手也滑過，其他還有許多選手都滑過，所以我很想表演一套完美的曲目。既然要詮釋魅影，我希望等到自己具備足夠實力的時候再來表演。到現在我也覺得應該等實力更堅強的時候再表演比較好，不過，想做的話就趁現在吧。

關於編舞，布萊恩．奧瑟教練已經和席琳．伯恩談過了，最後決定由席琳為我編舞。難度很高喔，看了席琳替其他選手編的短曲就知道（有多難）了吧？長曲當然更難了（笑）。整首曲子全是轉體與步法，從頭到尾都動個不停。不過，我很喜歡這首曲子，如果要增強體力的話，就趁現在吧。剛好趁機強化體能。我的想法比較樂觀啊。」

原本首戰預定出賽十月中旬的芬蘭杯，但他因為腰痛退賽，備戰大獎賽系列賽中國站的調整作業也因此受到影響而有一些誤差。

十一月七日，羽生結弦首次在上海的中國站賽事表演短曲《第一號敘事曲》。他穿著一襲自腰部以上由藍至白徐徐漸層的比賽服，閉著雙眼，緩緩轉動脖子後開始滑行。他展現了由大一字（Spread Eagle）進入3A、成功落冰後再接大一字滑出的優美滑行技巧，但是曲目後半段的4T跳空成了三周跳，3Lz也因為落冰不穩沒能接上連跳。結果以八二．九五分排名第二。

「我想，短曲搞砸了吧。在短曲後半段加入四周跳，幾乎還沒有人挑戰過這種編排內容。我深深感受到挑戰這個版本有多難。當時我（比起短曲）更勤於練習長曲，也較有自信，所以在臨睡前想著：『長曲一定沒問題，絕對要在長曲後半段跳成四周跳，讓你們見識到我的進步！』」

然而，十一月八日，長曲第二組六分鐘熱身時發生了意外。

羽生結弦確認了幾個跳躍的感覺後，正準備助滑起跳Flip，卻在冰場中央附近與背後滑過來的閻涵相撞。受到猛烈衝擊的羽生結弦倒臥在冰上，手按著腹部動彈不得。閻涵也跌坐在冰上，無法立刻站起來。

「我的腹部痛得簡直無法呼吸。大家都擔心我是不是腦震盪而失去意識，要不然怎麼都站不起來。主要是因為心窩部位撞到冰面，感覺就像重重挨了一拳。剛開始是腹部非常痛，讓我無法呼吸，根本沒辦法站起來。當我試著起身，發現下巴很痛，也有流血，腦袋頓時陷入慌亂，搞不清楚到底是哪裡在痛。」

憑自己的力量站起來、靠自己的雙腳滑回場邊途中，羽生結弦注意到下巴流出來的血。他一到場邊，立刻接受美國隊隊醫的治療。

「我真是給周遭人添麻煩了。那時候（相撞不久）有人對我說：『放棄（出賽）吧。』醫師也對我說：『你沒有腦震盪，是可以繼續滑冰，但是我不建議你那樣做。』連奧瑟教練也說：『現在不是逞英雄的時候。往後路還很長，你還是可以繼續當滑冰運動員啊。』可是我回他：『重點不是這個。我想出戰總決賽，我要上場。』我可能是用日語回答他的吧。雖然有不少爭議，像是：『傷成這樣竟然還能上場啊？』『為什麼傷成那樣還讓他上場？』但是，我就是想要進總決賽。在這場比賽拿到第五名或第四名也不要緊，下一場拿到第一名就好，總之我要繼續比完。我當時非常希望打進總決賽拿下二連霸，也希望實現（世界錦標賽、大獎賽總決賽、全日本錦標賽）三冠二連霸。不過，現在想想，真的覺得自己『怎麼那麼會撐啊』（苦笑）。

經過緊急治療後，我聽到廣播通知重新上場熱身六分鐘。不過，我當時想的是：『閻涵怎麼不在（場邊）？』我心裡十分過意不去，想著：『我一定要先跟閻涵道歉再上場。』所以我去找閻涵，對他說：『真的很抱歉。我要上場了喔。』說完就前往冰場。」

再次現身冰場的羽生結弦，頭上纏著一圈圈繃帶，下巴也貼著止血貼布。

「重新上場熱身六分鐘的時候，左膝上方的縫匠肌（Sartorius muscle）痛得不得了，我試著跳Loop，感覺勉強可行，可是跳Lutz就痛到受不了，忍不住心想：『這下慘了。』至於Axel，雖然痛得很難受，但落冰時還是站住了。4T則是落冰不穩，單手觸冰並以步法滑出；4S摔了，但有轉足圈數。於是我心想：『沒關係，雖然很痛，但是想跳還是能跳！』

話雖如此，我在不太累的情況下盡全力跳Toeloop也只能轉到那樣的程度，因此：『後半段跳4T是不可能的，我得做點別的（取代後半段的四周跳）。』就在思考這個問題時，我立刻想到：『對了，Lutz，我可以跳兩次Lutz。』雖然從來沒有預想過這種情況，但我最後決定：『乾脆重用上個賽季的編排（同一種跳躍編排）吧。』於是，我在剩下的時間裡確認了更動的軌道，六分鐘熱身結束後，立刻對布萊恩說：『我今天會（在後半段的四周跳位置）跳Lutz。』他的反應像是：『嗯，我知道了。』我那時候大概是腎上腺素爆發吧，雖然痛得不得了，但只要能堅持滑完就夠了。」

分組第五個上場的羽生，跳躍時摔了五次，但後半段的3A＋1Lo＋3S等跳躍皆成功落冰，撐著滑完整首曲目。更驚人的是，除了3Lo以外，所有跳躍全部轉足圈數。

得分為一五四．六〇分，暫居第一。他看到得分後滿臉驚喜，從極度緊繃中解脫的安心感以及對於滿場溫暖鼓勵的感動心情，自然而然化成淚水。最後，以總成績二三七．五五分名列第二。

「表演結束後，美國隊隊醫已經在場館的按摩室裡備妥了縫合器具。打了麻醉之後，我的下巴縫了七針；因為頭部也有一點傷口，那邊不打麻醉，而是用皮釘槍釘了三針。直接用皮釘槍釘下去耶！超痛的。那天晚上，我的下巴、頭部、腳和腹部痛得要命，隔天搭機回國接受診療時，根本像地獄一樣（苦笑）。」

隔天，羽生結弦改變了原本要回多倫多的行程，搭機返回日本。在醫院檢查的結果出爐：頭部挫傷、下顎挫傷、腹部挫傷、左大腿挫傷、右腳踝關節扭傷，痊癒時間預估二至三星期。他是否能出戰三個星期後的ＮＨＫ杯，仍是未知數。

「中國站結束後，我聽了很多人的意見，說一星期之後就不會那麼痛，結果過了一星期還是沒有減輕疼痛，甚至十天都沒辦法走路。所以等到稍微能走路，我就上冰了。開始滑的時候痛到忍不住心想：『我肯定去不了ＮＨＫ杯吧。』」

即使如此，羽生結弦依然很想出賽。當初是身邊的人尊重他「想去大獎賽總決賽」的心願，他才能上場滑冰，他不想讓中國站長曲的努力化為烏有。他最後是進到ＮＨＫ杯的比賽場館才決定是否出賽。他在練習時站在冰上，嘗試滑著，「感覺上滿接近平時的狀態」即成了決定出賽的關鍵。

由於他是在幾乎無法正常上冰訓練的情況下面對比賽，不得不變更短曲與長曲在本賽季編排上的預定目標。短曲的４Ｔ移至曲目的前半段，長曲後半段的４Ｔ＋２Ｔ則是改成３Lz＋２Ｔ，與中國站臨時更動的編排內容一樣。

十一月二十八日的短曲，4T摔倒，3Lz也在落冰時單手觸冰，但是他立刻接了1T。然而1T屬於無效動作（短曲不承認一周跳，因此後來接跳的一周跳屬於無效動作，基礎分為零分，組合跳的執行分也扣了三分），短曲以七八．〇一分排名第五。

隔天的長曲《歌劇魅影》，羽生結弦穿著白底搭配淺藍、金色、黑色飾紋的全新比賽服登場。開頭的4S跳空成了2S，隨後的4T也跳空成3T並且摔倒，但是最後展現了強勁有力的表演。得分為一五一．七九分，排名長曲第三。總成績為二二九．八〇分，名列第四，未能站上頒獎台。

「長曲結束的那一刻，我心想著：『唉，總決賽無望了。』我在更衣室裡一直想著：『唉，結束了……中國站那麼拚是為了什麼啊？』滿腦子都在想這些。甚至（日本滑冰）聯盟的人跑來跟我說：『Yuzu，恭喜你。』我也一頭霧水：『嗯？恭喜什麼？』

確定能進總決賽的那一瞬間，我欣喜若狂。但是，我也對自己在長曲表現得那麼糟而懊惱不已。Dice（村上大介選手）這次站上頒獎台最高處，所以我一定要去為他鼓掌致意。我是發自內心為他拍手祝賀的，但是響起〈君之代〉旋律的那一刻，我又覺得好不甘心，於是在那時候下定決心：『大獎賽總決賽絕對要由我來響起〈君之代〉。』

從NHK杯到大獎賽總決賽這段期間，我再也沒有一絲茫然。雖然身體不能說完全不痛了，但是我已經在NHK杯嘗夠了懊悔的滋味，所有訓練全都處在腎上腺素爆發的狀態，所以訓練效率真的非常高。」

羽生結弦以積分第六名的成績，擠進大獎賽總決賽。距離比賽還有十天左右，他再次留在日本訓練，隨後才動身前往西班牙巴塞隆納。

十二月十二日，短曲第一個上場的羽生結弦，乾淨俐落地接連完成4T、3A等動作。3Lz＋3T雖然摔倒，但仍以九四・○八分排名短曲第一。

隔天的長曲也一樣，羽生結弦以「跳躍的那一瞬間，就精彩得讓人覺得『一定成！』」的4S打頭陣，緊接著是完美契合《歌劇魅影》磅礡旋律的4T、兩個強勁有力的3A組合跳，後續幾個跳躍也接連成功。尾聲的3Lz雖然摔倒，但使出渾身解數的飽滿演出，足以讓人忘掉他曾經摔倒。羽生帶著奮戰到底的滿足神情結束了長曲，以一九四・○八分排名第一。總成績為二八八・一六分，成功贏得大獎賽總決賽二連霸。

「短曲與長曲的表現，全拜訓練成果所賜。短曲第一個上場，或許也讓我保持了適度的緊張感。我很喜歡第一個上場喔。小時候就特別擅長打頭陣，這次比賽也讓我想起滑冰生涯至今的每一個經歷，一邊滑一邊感嘆：『真痛快啊。』

然而，我的腹部在比完大獎賽總決賽的短曲之後有些疼痛。按壓或伸展的時候就會痛，而且是像肌肉痛那樣的鈍痛，讓我不禁想：『我的肌組織（muscular tissue）是不是有點問題啊？』可是，長曲結束後，我的肚臍下方竟然突起了像乒乓球一樣的腫塊，我心裡覺得：『不太對勁吧？』結果一搭飛機，連肚臍都腫起來了。平時都能看到的肚臍，現在彷彿被覆蓋住，根本看不到。我在飛機上完全睡不著，一直想著：『好痛，怎麼辦？』下機後立刻去醫院檢查的結果是：『有可能是臍尿管殘餘症。』不過，當時的症狀還沒那麼嚴重，醫師便說：『先吃抗生素觀察看看吧。』我就這樣回到仙台，洗澡前看了一下，肚臍已經腫得很大，緊繃得連一絲皺紋都沒有。過了五分鐘左右，腫包破了！鮮血汩汩流出，膿液也噴濺出來。

因此，我在全日本錦標賽前這段期間，遇到和NHK杯賽前同樣的情況，也就是掙扎著到底要不要出賽。去醫院診療，醫師說臍尿管殘餘症『必須動手術才行』。但是，我還要比全日本錦標賽，沒辦法立刻動手術。於是心想：『撐得住的話，就去比全日本錦標賽吧。』我也沒必要和其他人說臍尿管殘餘症的事，那不是重點，我就是想出戰全日本錦標賽。說是這麼說，可是我在彎腰或後仰時都很痛。即使在這種情況下，我也希望能盡量做到自己能做的動作，於是做了『Ina Bauer』，結果完全無法下腰（苦笑）。我本來也想做貝爾曼旋轉的！但我開始旋轉時卡到某個凹洞，只好立刻變更成A字（旋轉的動作）。我雖然有用紗布包著傷口，可是鮮血一直冒出來，每次都沾到衣服。為了避免弄髒比賽服，我在紗布之外又貼了一層貼布。不是一般的貼布喔，是運動貼紮用的貼布。但是紗布一樣會磨到傷口，真是痛啊。」

胚胎時期連接臍帶與膀胱的臍尿管至今還殘留著，結果化膿引發嚴重的「臍尿管殘餘症」，羽生結弦只把這件事情告訴身邊少數幾個人而已。

十二月二十六日，全日本錦標賽於長野開賽。

羽生結弦在短曲的比賽中，展現了與《第一號敘事曲》旋律契合無間的表演。這個賽季一再失誤的3Lz由於落冰不穩，他立刻高舉雙手（加分動作）接跳了2T。得分為九四・三六分，排名第一。

隔天的長曲，開頭的4S摔倒後，緊接著乾淨俐落跳成了4T。他以一九二・五〇分排名長曲第一，總成績為二八六・八六分，成功締造全日本錦標賽三連霸的佳績。

羽生結弦雖然笑容滿面地出席頒獎典禮，但他實際上忍著劇痛。

「我再怎麼擠，膿液還是一直流出來。它（臍尿管）就成了一個袋子，膿液都積在那裡，袋子破裂後就流出來，然後一再復發……它好像會一直反反覆覆的，所以我決定『全日本錦標賽結束後立刻動手術』。更何況醫師說：『不趕快動手術會趕不上世界錦標賽，因為手術之後有兩個月不能動。』」

經過檢查後，羽生結弦在十二月三十日接受手術。

「因為我是用硬脊膜外麻醉的方式，要從背部插入導管，但是消毒用的酒精太刺激而引發過敏，我的背部在手術完之後癢得難受。還有，我的腹部也放置了一條管子避免積血，那個叫做引流管，是從肚臍插進去，有夠痛的。啊——回想起來就覺得好痛啊。我也沒辦法翻身，後來打的抗生素又讓我出現過敏症狀，全身都起了蕁麻疹，真的發生一堆狀況。不過，還好有動手術，經過半年時間，我的傷口已經癒合，現在沒事了。」

歲末年初，羽生結弦都無法回到自己的家。以奧運會、世界錦標賽、大獎賽總決賽三料冠軍之姿迎戰本賽季，頂著龐大壓力應戰之餘，萬萬沒想到竟然接連遭遇比壓力更難以承受的困難。真是漫長的一年，尤其是中國站結束後不到三個月的這段期間。全日本錦標賽落幕後，他如此回顧這一年：

「感覺高牆之外還是只有高牆啊。我覺得人是很貪心的，解決一道難題後，又想繼續挑戰難題。而我，也許比別人更貪心吧。另一方面，我所處的環境裡也有許多人支持我。這一點讓我不時感慨，自己真是幸福的人啊。

今年由奧運會拉開序幕，真的讓我經歷了許多事情，這一年同時讓我在精神上及肉體上遭遇了許多。舉例來說，成為奧運冠軍後面對新賽季的心態調適、中國站的意外、在後來的ＮＨＫ杯表現得那麼糟糕之後該如何維持下去、始終無法與奧瑟教練一起訓練等等，這一年真是遭遇了不是每個人都能經歷過的許多事情啊。

不論是贏得奧運會的冠軍，或是拿下全日本錦標賽的冠軍，那都是過往的功績了。我當然會想要捍衛這份尊嚴與榮耀，但是，我不是為了守住這些才滑冰的。我是真心喜愛滑冰、喜歡跳躍，所以才投入花式滑冰，進而上場比賽。這是我往後的滑冰生涯中，不可或缺的堅持。

我在中國站發生了意外，那時候，我在上場熱身六分鐘之前，完全沒想過要哭。可是，當我一出現，就有那麼多觀衆為我鼓掌，令我忍不住喜極而泣。那種感覺至今仍留在心裡。我只是在做自己喜歡的事而已，雖然這種喜歡跟興趣嗜好有點不一樣。只不過有許多人讓我得以全心投入自己喜歡的事、有許多人發自內心支持我做喜歡的事罷了。我現在真的覺得非常幸福。」

2014年11月，中國站。
在長曲的6分鐘熱身期間與閻涵選手相撞。
兩人皆倒在冰上。

經過緊急治療後，重新上場熱身
6分鐘，決定繼續出賽。
一心只想打進大獎賽總決賽。

©Takao FUJITA

©Takao FUJITA

即使5次跳躍都摔倒，
依然堅持滑完，最終獲得第2名。
滿場觀衆紛紛報以溫暖掌聲。

2014年NHK杯表演滑。
表演NHK的復興支援歌曲
《花會綻放（花は咲く）》
（2張照片皆是）。

2014年NHK杯短曲
《第一號敘事曲》。
表演前的例行儀式。

2014年12月，20歲。
全日本錦標賽的《第一號敘事曲》。

2014年12月，大獎賽總決賽的
長曲《歌劇魅影》。

2014年全日本錦標賽的《歌劇魅影》。

2014年全日本錦標賽的長曲。
當時正忍著臍尿管殘餘症的疼
痛投入表演。

2014年大獎賽總決賽。
使出渾身解數滑完長曲，帶著
竭盡全力的滿足神情。

大獎賽總決賽。
成功跳出4S與4T，
贏得二連霸。

大獎賽總決賽頒獎典禮。
克服傷痛，深刻體會到得以滑冰的喜悅。

Scene 11

克服苦難

～二〇一四至二〇一五賽季後半段～

（出自二〇一五年八月的訪談）

二〇一四年除夕，羽生結弦才剛動完手術的第二天。由於術後需要靜養，他只得在住院的醫院裡看《紅白歌唱大賽》，就此迎接二〇一五年的新年。

「我得住院兩個星期，靜養一個月。可是，我等不到一個月，三個星期左右就上冰了。結果身體還是會下意識地保護傷處。因為是下意識的行為，我也無從得知，但是肌肉萎縮了，身體的一舉一動全都為了保護傷處，結果跳躍也不足周，跳Toe loop時還狠狠地扭到右腳。我的右腳本來就在痛，那一次的落冰，感覺（腳踝的內側與外側）卡卡的，我就知道兩邊都傷了。結果腳踝腫得穿不進鞋子。不是痛得穿不進去，是腫得塞不進鞋子裡。於是，我又得靜養兩個星期。我當時也沒辦法練習，因為痛得根本無法走路。」

由於動了臍尿管殘餘症的手術與右腳踝扭傷的關係，羽生結弦有將近七個星期無法訓練。儘管如此，他也不可能靜待時間流逝。

「手術過後一個月，我有想過跳躍的問題。在能夠上冰練習前兩個星期左右，我一直在思考著如何修正跳躍，所以反覆觀看影片。這是意象訓練。為了早點回到冰上，意象訓練是很重要的一環。不僅是我如此覺得，不少人也這麼說。後來親自上冰確認，發現意象訓練與實際情況有所誤差，當下就扭傷了。平時做意象訓練的時候，我會在家裡練習跳躍或確認姿勢動作，但是扭傷之後，我連這些動作也痛得無法做，只能透過意象訓練想像每一個編排動作。我把音樂聽得滾瓜爛熟，看著許多影片，和家人一起討論上半身與指尖的運用方式：『這裡應該這樣做吧。』」

截至世界錦標賽之前，羽生結弦實際能訓練的時間不到四個星期。他回到多倫多，雖然還是不能如願與奧瑟教練一起練習，但是他不時以電子郵件與教練聯繫，也透過影片向教練說明自己的狀態，並接受教練的建議。後來為了將曲目滑得更熟練，他不停練習滑完整首曲目，練得比中國站之前、大獎賽總決賽之前還要勤。

世界錦標賽的舉辦地點在中國上海，場館就是先前在中國站發生相撞意外的地方。雖然不免回想起當時的情景，但是羽生結弦覺得，當時是當時、現在是現在。

三月二十七日，短曲開賽。開頭的4T由於落冰時的重心較低，雙手因此觸冰，但是其餘動作皆完成得乾淨俐落，最後以九五・二〇分排名短曲第一。

隔天的長曲，開頭的4S跳空成了二周跳，4T也摔倒，但是他直到最後均展現了飽滿強勁的演出。得分為一七五・八八分，排名長曲第三。總成績為二七一・〇八分，獲得銀牌。

冠軍則是同門師兄，哈維爾・費南德茲。

「很不甘心啊。哈維過來的時候，我跟他說：『恭喜你。』最後卻懊惱得哭出來。哈維還反過來安慰我：『好啦好啦，沒事了。』」

羽生結弦聽說費南德茲這幾個月以來真的練得非常拚命，他為同門師兄奪冠感到開心。費南德茲總是在羽生贏得冠軍時，以燦爛的笑容由衷向他祝賀：「恭喜你。」所以他真心為費南德茲拿下冠軍感到高興，但是也更加懊惱。

「我完全沒想要找藉口，不過，我在世界錦標賽前大約一星期，把短曲與長曲都練到零失誤了。雖然後半段的編排少了4T。在手術之後的訓練中，我也做了在長曲後半段加入4T的練習，結果就在練習途中扭傷腳。因此，等傷勢復原，我就決定拿掉後半段的4T。本來練習時是有包括4T的，所以後半段拿掉Toe loop，曲目就簡單多了，感覺也比較輕鬆。連續三天練習短曲與長曲都是零失誤，我心想：『這下子應該沒問題吧？』但同時擔心：『未免太快了吧？』（苦笑）。巔峰狀態來得太早了。如果我在扭傷而無法訓練的那兩個星期也有做一些練習，就會在第一個星期提升（狀態），並且在下一個星期開始下降；等下降到低點後，世界錦標賽之前再將狀態提升。這是我原本的預定計畫。若是在世界錦標賽之前開始提升狀態，腎上腺素就會爆發，我就能配合正式比賽調整到臨近最佳狀態。但我卻在世界錦標賽前兩個星期就達到巔峰狀態，並在狀態下滑時迎戰世界錦標賽。」

世界錦標賽之後，由於臍尿管殘餘症手術後的傷口發炎，羽生結弦又得過著與疼痛為伍的日子。

「手術用的縫線是可溶性的線，雖說可以溶解，但是縫線外部溶不掉的纖維會殘留下來，自然排出體外。也就是說，它會從皮膚縫合的接縫處一點一點突出來。我就是那個地方腫起來，痛得不得了。雖然說皮膚跟牙齦不一樣，可是那種疼痛就像正在長智齒那樣難受。我的腹部一直那樣痛著，彷彿一直一直有東西扎著我。睡覺翻身時就會痛得醒過來，所以也沒辦法翻身（笑）。我好幾次都乾脆自己拿剪刀喀嚓喀嚓剪掉，結果引起發炎還出血。可能是因為我的活動量大，所以當初縫合時縫得比較牢，而我又在還沒痊癒時就開始活動才會這樣吧。醫師曾說：『手術後大約兩個月時間不可以施力。跳四周跳時動用到的腹肌力量對傷口的影響還是未知數，這一點要多留意。』我卻卯起來跳四周跳（笑），所以每跳一次就扯到傷口吧。」

羽生結弦就在因疼痛而難以後仰或前彎的狀態下，出戰東京的世界花式滑冰團體錦標賽（WTT）。

四月十六日的短曲，3Lz＋3T摔倒，得分為九六・二七分。隔天的長曲，4T雖然跳空成3T，但所有跳躍都完成得乾淨俐落。他在整個賽季都是跳3A＋3T，這回原本要挑戰的4T跳空成三周跳，他立刻根據規則（三周跳以上的同種類、同圈數的跳躍，最多只能選擇其中兩種各做兩次）隨機應變，改成3A＋2T。表演途中不著痕跡地冷靜更改跳躍編排，最後以情感豐沛的演出獲得一九二・三一分的高度評價。

相隔一天的四月十九日，表演滑選擇《巴黎散步道》為本賽季畫下句點的羽生結弦，穿著令人懷念的淺藍襯衫現身冰上。

4T、3A、3Lz＋3T，身體的一舉一動全都完美契合每一個音符。

「我因為縫線還沒拆除所以很痛，不過，這次在《巴黎散步道》跳4T的時機，是我心目中最好的喔，與跳躍非常契合。我意象訓練做得最多的就是《巴黎散步道》。因為用了兩年，身體已經非常熟悉這套曲目，但是我這次的跳躍與貝斯及鼓聲節奏配合得天衣無縫。『這個地方這樣做的話絕對能跳成。』我在做意象訓練的時候，就是這樣想像著。老實說，世界錦標賽之後，我就不太能跳四周跳了。雖然這也在我的計畫之中（笑）。『跳得愈來愈吃力了。既然如此，現在就跳到跳不動為止吧。』在思考著要怎麼辦的時候，我想到乾脆用《巴黎散步道》來練習Toe loop。那個時候，我已經決定下個賽季的短曲沿用《第一號敘事曲》，所以考慮在世界花式滑冰團體錦標賽的短曲滑《巴黎散步道》，實際練習時也是零失誤。（但最後團體賽的短曲還是選擇《第一號敘事曲》）結果短曲有失誤，長曲也因為Toe loop失誤，沒能跳好Axel＋Toe loop（註6）。雖說拿到男子選手第一名的成績，但是哈維也會來表演滑，我心想：『難道我就這樣以世界錦標賽第二名結束這個賽季嗎！這樣就滿意了嗎！等著瞧吧！』於是決定滑《巴黎散步道》。」

這個賽季始終無法回多倫多接受奧瑟教練親自指導，在這漫長的日子裡，羽生結弦思考了許多，也勇於嘗試。他思考著、嘗試著，之後繼續思考。這段時間，豐富了羽生結弦身為花滑選手的層次。

註6：原本要跳3A＋3T，實際成了3A＋2T。

Scene
12

追求更高境界

～二〇一五年休賽季的挑戰～

（出自二〇一五年八月的訪談）

自二〇一四年十一月上旬的中國站以來，羽生結弦不得不留在日本練習。他是這樣度過身邊少了奧瑟教練的那段日子。

「因為教練不在，我能上冰的時間也有限，只能思考該如何解決。我一方面與身邊的人討論，一方面努力回想目前為止『這個時候要這樣做』的所有經驗，一點一點擷取出更能有效改善情況的方法，再自行安排『現在需要做這些練習吧』。因此，我覺得自己可靈活運用的儲備增加了不少。我不是只照別人所說的去做，或者只做自己想做的，而是懂得自行思考針對各場賽事安排訓練方法。

我在世界錦標賽獲得第二名，於是心想：『我只能在世界花式滑冰團體錦標賽雪恥了。』所以我參考過往的經驗，根據自己的練習狀況，自行妥善安排可以掌握的部分，迎戰世界花式滑冰團體錦標賽。也因此，我現在大致可以在衝刺的過程中，適時修正狀態不穩的情況。我會視自己的疲累程度調整跳躍的次數。如果因為狀態大好而卯起來跳，（狀態）就會下滑吧。反過來說，狀態不好的時候會思考：『先不要跳，之後應該會好轉吧？』其他還有很多啦……」

世界花式滑冰團體錦標賽結束後，羽生結弦立刻返回多倫多，與奧瑟教練詳談、一起訓練。兩人雖然幾個月沒見，但是跟著奧瑟教練一起訓練的過程並沒有任何異樣。

「布萊恩也說了同樣的話。我滑冰至今已經十六個年頭了，其中大約有十二年是由其他不同的教練給予指導，也因此形成現在的我。我不可能把過去所學的全忘了，因為那些奠定我現在的跳躍基礎。提供建議讓我既有的跳躍愈來愈進步，本來就是布萊恩的指導風格。他不會把自己的理想模式強加在選手身上，像是『這個選手有這種習慣動作，應該這樣改正比較好』，而是善用選手本身的習慣適時引導。我覺得這就是布萊恩的優點。當然，他會配合選手採用不同的指導方式，像我這麼固執又會想很多的，布萊恩不但支持我，也給我很大的自由空間。不過，他會責罵像哈維那樣比較憑感覺的選手，還會鉅細靡遺地指導『這樣做比較好』。至於我嘛，怎麼說呢，該說是放牧嗎？雖說是放牛吃草，但是他也有緊盯著我的訓練步調，必要的時候就『叮噹叮噹』敲鐘喊停（笑）。所以說，我容易想很多。我會再次思考：『布萊恩剛剛說的是什麼意思呢？』經過一番研究後得出結論：『那我再加強這一點比較好吧？』

關於維持狀態到比賽的方法以及比賽策略，我這次一個人留在日本訓練的時候，根本顧不到這些，而這就是布萊恩的強項吧，所以我能順利備戰索契冬季奧運會。像練習方法和限制跳躍次數等等，布萊恩應該都有經過計算，只是我看不出來而已。因為他做得十分自然，讓我感覺不到。這既是布萊恩的過人之處，也是他身為奧運銀牌得主的遺憾吧（註7）。正因為如此，銀牌選手才能培育出、造就出金牌選手。

冠軍當然也有自己的苦楚，但是這種痛苦不會永遠揮之不去。我這次在世界錦標賽拿下銀牌，就一直擺脫不了這種陰影啊，呵呵呵。我老是想著：『一定要贏過哈維。』Cricket Club冰場的牆上會列出歷屆冠軍的名字，『World Champion』欄位的『Yuzuru Hanyu 2014』下方就加上最新的『Javier Fernandez 2015』。每次看到金牌榜，還有每次跳空Toeloop的時候，我就忍不住想：『我絕對要贏你！』（笑）。

這道陰影纏了布萊恩幾十年，正因為如此，他才對奧運金牌有諸多想法。對我來說，那是『如願』的經歷，像是『我為了拿金牌，做了這些和那些努力』；但是對布萊恩來說，卻是『遺憾』的經歷。或許這就是布萊恩的強項，也是他所在的Cricket Club團隊的強大之處。」

奧瑟教練平時寬容地在一旁守護，遇到關鍵時刻再不著痕跡地給予協助，羽生結弦就在他的指導下，全神貫注投入滑冰。

「我對自己的想法還有理想的跳躍有著明確的概念，也確立了所有理想目標。我總是說：『絕對要拿下金牌。』這種欲望可能比任何人都強烈吧。在表演方面，我同樣有『絕對要這樣做』的堅持，因為那攸關我對於表演的理想藍圖。我強烈覺得，自己就是為了實現理想藍圖而努力著。

我上冰訓練的時間只有其他選手的五分之一或十分之一，但是為了有效運用這段時間，我不僅研究自己，也研究其他選手。例如在平地確認姿勢動作或是研究分析，一旦投入其中，有時候就這樣過了五個小時左右。真的沒辦法跳的時候，甚至會一直研究到半夜三點或四點。因為我會一面看著鏡子，一面思考這也不對、那也不對。我的夢想十分具體且有規畫，對於跳躍也有非常明確的理想姿勢動作。因此，我可以具體找出優點與缺點，也耗費不少時間。

意象有所謂的主觀意識與客觀意識，我這兩方面都有訓練，不過，我的客觀意識會比其他人更強烈。跳躍的時候，我會一面想像自己所處的環境一面跳躍，或是一面想像自己跳躍的樣子一面跳躍。意象訓練的方法有很多，我在其他場合也能看得很清楚喔。

例如震災的時候，我就看到自己緊緊抱著頭、周圍都在崩塌的樣子。實際上明明應該看不到的，我卻全都看在眼裡。我也能像個旁觀者把自己腎上腺素爆發的模樣盡收眼底。研究演技和曲目時，我也常運用這種客觀意識。

或許有人會覺得，表演的時候，如果每一個細節都要顧到，曲目不會變得支離破碎嗎？不過，整體感覺是連貫的。對我來說，它不會因此變得支離破碎，像是曲目中蘊含的其中一個感覺裡包含了各種要素。若是把各個要素一個個拆開來思考，『在這裡要這樣做、這樣做、然後那樣做，接著跳起來』，那肯定會支離破碎。可是，我的做法不是那樣，比較像是在音樂響起的那一瞬間，透過意象緊跟著需要留意的地方，順著旋律緊緊跟著。這就是我從小追求的完美滑冰。」

羽生結弦也感覺到，如今他正處在可以盡情追求完美滑冰的環境裡。

「當然啦，想玩電動的時候我還是會玩（笑）。這裡跟日本不一樣，生活環境也有所限制，所以我待在多倫多，感覺基本上就是『一切全是為了滑冰』。

剛從仙台移居多倫多時，我心裡非常難過。因為我特別黏姊姊。一開始練滑冰，也是出於『姊姊滑冰，那我也要』的心態。再加上從小就說：『我要一直待在仙台，成為來自仙台的奧運冠軍。』父親也還留在仙台。正因為我是犧牲了與家人相處的時間來到多倫多，所以滑冰的時候或者做其他事情的時候，我始終有一份自覺，我是『為了滑冰』才來多倫多的。我想，這就是我目前的處境吧。

應該有不少從事體育運動的人會按表操課，像是『這個時候練習、這個時候休息，幾點用餐、幾點睡覺』，我倒是不太這麼做。我比較偏向隨自己的意願面對自己的滑冰，自行掌控或者說營造情緒吧。多倫多的環境，感覺滿容易讓我自由發揮的。在日本的話，跟家人在一起會有非常多歡笑，再說待在日本也會讓我有安全感。從這一點來看，我是很希望留在日本。可是，『為了滑冰而待在多倫多』的想法絕不動搖。待在日本的時候雖然也不曾動搖，但是在多倫多的時候，這種想法會更加堅定。這種感覺並不是『不努力不行』，而是一心只想著：『拚了！』」

得以全神貫注滑冰的場所——多倫多。自從訓練據點轉移至此，已過了整整四年。

為了重奪世界錦標賽冠軍寶座，羽生結弦二〇一四年底即決定二〇一五至一六賽季的短曲沿用上個賽季的《第一號敘事曲》。

「這首曲目，可以說是為我創造全新世界觀的一首曲目，傑夫替我設想了很多啊。

傑夫編排的曲目並不是為各個選手量身打造的，而是透過曲目呈現他認為美好的世界觀。想要融會貫通他的世界觀是一件非常困難的事，我希望能進一步鑽研它，因為我覺得繼續鑽研下去，對我往後的滑冰絕對有幫助。怎麼說呢，不論是《巴黎散步道》還是《第一號敘事曲》，正因為看過傑夫（為了示範而滑）的出色版本，更加覺得自己火候還不夠。《巴黎散步道》比較狂野，可以展現各種不同詮釋方式，但是像《第一號敘事曲》這種古典樂曲，能發揮的空間實際上並不大。儘管如此，我還是想盡可能詮釋它。

滑古典交響樂曲的時候，我會把自己想像成一名指揮家。並不是說自己在指揮演奏者或是掌控全場，而是透過自己的滑冰讓人們聽得見音樂、藉由自己的詮釋讓音樂飄揚的感覺。如果是滑電影或音樂劇的曲子，就像是用自己的表演讓劇中的片段活靈活現。不過《第一號敘事曲》是鋼琴獨奏曲，與前面所提到的都不一樣。我還有點掌握不到（自己與音樂的）距離感，就我目前的想法來說，我對《第一號敘事曲》的印象是二重奏，就像自己也一起合奏這首曲子。因為是鋼琴獨奏曲，每一個音符都十分清晰，但我不是配合一個個音符去滑，比較像是為了烘托曲子才一起彈奏。如果用自彈自唱來比喻，就類似人聲歌唱與鋼琴演奏的關係。那種感覺像為了創作一首曲子，於是有歌唱也有鋼琴演奏，兩者融合才能誕生出美妙的曲子。因為有了鋼琴演奏以及表演詮釋，才能呈現出完整的美妙曲目，感覺就像一起創作似的。

今年夏天，我在冰演秀與一群職業滑冰運動員一起表演，也觀看他們的演出。我的感想是每個人都有各自擅長的領域，這一點實在厲害。其中史蒂芬・蘭比爾先生（Stéphane Lambiel）真的很出色。史蒂芬的滑冰，感覺像在創作曲子。例如麥可・傑克森，從前人家說他『整個人就像樂器，渾身都在演奏音樂』，史蒂芬就像他那樣。再說到強尼・威爾，他比較像是先有音樂再有表演，感覺是為了讓曲子更有氣氛所做的表演。他們兩位都極其出色，不過，史蒂芬的手勢姿態，看起來彷彿在奏響一個個音符。至於傑夫，音樂與他之間感覺不到距離，十分契合。他不是在演奏，而是與音樂同調。談到音樂與滑冰運動員的關係，強尼是音樂在前，而他跟隨在後；史蒂芬則是相反。不過，他們兩人與音樂之間的距離差不多一樣。傑夫嘛，感覺音樂與他是處在平行線上。

我所追求的並不是一口氣全部表現出來，而是可以呈現各種不同的風貌，像是『這首曲子這樣表現』、『那首曲子那樣詮釋』。因為我很容易陷入音樂情境裡，所以不太擅長藉著動作烘托曲子。滑《巴黎散步道》的時候，音樂與我之間還是有一點點距離感。不過，傑夫編的曲目對我來說比較有親近感，而且它也不是有故事性的曲子，不會那麼遙不可及，我在滑這首曲子的時候，就有音樂跟著我的感覺。至於《第一號敘事曲》，會覺得傑夫的個人色彩比較強烈吧，他的理想就是彈奏的音樂要與動作相交疊，也就是自彈自唱。那很難做到啊。

想要詮釋出完美的《第一號敘事曲》，就只能把曲子聽到滾瓜爛熟。要聽到熟，也滑到熟。與其說是滑到熟練，不如說是跳到純熟、動作練到純熟……我還不清楚怎麼表現比較好，唯有把自己能在曲目裡做到的部分融入身體裡吧。雖然目前還做不到，不過，我並不是因為自己是現役選手才做這些努力。當然，我希望身為現役選手期間就有能力做到。跳躍方面也必須更上層樓才行。索契奧運會的時候我就有這種想法，如果不繼續精進跳躍，絕對無法在平昌奧運會勝出。從今以後，我會繼續當一名表現者，這些努力一定會在將來派上用場，所以我希望能一直鑽研到底。」

下個賽季，羽生結弦再度於曲目後半段安排了4T以及3Lz＋3T組合跳躍。主要是因為上個賽季在跳3Lz時，他常因為起跳前的助滑無法加速而造成失誤，所以這回加以修正。

「關於3Lz＋3T的助滑，我曾拜託傑夫：『希望能用容易加速、不耗費太多體力又漂亮的方式進入跳躍。最好能滑出乾淨俐落的助滑軌跡進入跳躍。』可是，八月上旬進一步打磨曲目時，助滑方式變得更複雜、更高難度了（笑）。傑夫啊，總覺得他改得很起勁。當我在曲目打磨完的第二天，配合音樂練習整首曲目時，後半段的Toe loop成功落冰了，正想著：『太好了，可以零失誤！』結果在跳Lutz的那一瞬間就知道不妙：『啊啊，這哪可能辦到？』（笑）連高度都跳不出來，嚇我一跳。」

長曲採用電影《陰陽師》的原聲音樂，取名為《SEIMEI》。

「我是特意使用羅馬拼音的。『SEIMEI』既是指安倍晴明，也可以有很多種解釋。我覺得這名稱很響亮，所以將各種含意傾注其中。這種想法也許很日本人，不過，我覺得標題或主題就是代表那一整個賽季，既然如此，乾脆（取個響亮的名稱）讓人對它有個好印象。

這個賽季與其說要挑戰某個目標，倒不如說想要拓寬自己的路。當我在聽各種音樂尋找適合自己的曲子時，想到了不妨試試日本風味的曲子。在尋找過程中，心想不如找一部國外觀眾也看得到的作品，於是決定使用電影的音樂。因為其中包含只有我才能詮釋的細膩感受與日本傳統的強韌力道，再加上日本風格的肢體線條呈現方式，所以很希望它能成為充滿我個人風格的曲目。還有，我打算安排三個四周跳，對自己來說也算是一項挑戰吧。」

與上個賽季的長曲《歌劇魅影》一樣，這次也請席琳．伯恩負責編舞。

「我沒有請日本人而是請（加拿大人）席琳負責《SEIMEI》的編舞，就是希望她能擷取各國人眼中最美好的日本。我和席琳一起觀賞狂言與能劇這類日本傳統藝能表演，經過多番研究後一起完成了編舞動作。因為比賽服裝是像狩衣（註8）那樣的和服風格，所以我希望能透過手部的姿勢與動作、手部的線條與身體的線條，將充滿日本色彩的動作融入表演。狂言與能劇除了飛躍或跳躍的動作之外，還包括穩住身姿如行雲流水般步行的特殊步法。我覺得那種運步方式與流暢程度，和滑冰多少有一點相通吧。」

長曲安排了三個四周跳，其中一個勢必要在後半段。這也是羽生結弦希望在下個賽季達成的目標。他在夏季冰演秀所表演的縮減版《SEIMEI》，同樣在後半段加了四周跳。

「在後半段跳四周跳真的滿吃力啊。這回所需的體力、心理建設的方式，跟《歌劇魅影》的時候完全不一樣。編排銜接當然也不同，滑的時候真的覺得：『有夠累啊。』（苦笑）。因為後半段加了四周跳的關係吧。不過，去年練習的時候，我曾在後半段加了四周跳並且零失誤地完成了。我在冰演秀只跳了五個跳躍，那五個卻是三個四周跳加上3A和3F（苦笑）。原本是為了冰演秀，特別改一下編曲，誤打誤撞就成了這樣。但我依然堅持如此高難度的編排内容，目的是希望自己做好後半段加入四周跳的心理準備。這種編排内容，我到現在都還沒嘗試過。自芬蘭杯退賽後，本來想在大獎賽中國站挑戰，結果（因為意外）沒能如願，後來也始終無法實現。雖然想過在世界錦標賽上試試看，但是腳踝扭傷了也沒辦法做到，所以我只能帶著比賽的感覺在冰演秀上挑戰。不過，（冰演秀所使用的）冰場很小，臨時搭建冰場的冰面也不是很堅實，就算刀刃點了冰，騰空的高度也不如預期，不太好跳啊……」

羽生結弦也完成了新的表演滑曲目，是由松尾泰伸作曲的《天與地之安魂曲（天と地のレクイエム）》。

「我拜託宮本賢二老師替我編一首『具有傳遞意義』的曲目，老師從各式各樣的樂曲裡挑選，並問我：『這首如何？』挑中的就是這首曲子。我第一次聽這首曲子，原曲大概有十分鐘吧，聽了之後立刻覺得：『就是它了！』原曲的曲名是『3．11東日本大地震鎮魂歌』，雖然這不是我選這首曲子的原因，不過，它的曲名確實讓我留下深刻印象，自己的親身經歷以及電視台播映的地震片段頓時（在意象裡）全部湧上來，我也因此投入歌曲情境裡。

我冒昧地把曲名改為『天與地之安魂曲』，因為原曲的曲名還是會讓我想起當時的情景。我常常因為太過投入而痛苦得無法自拔，在冰演秀表演時忍不住撲簌簌直掉淚，直到終場也完全擠不出笑容。由於我在表演時太常深陷自己的情緒裡，好幾位表演及編舞的老師對我說：『你要多向周圍表現情感，多向周圍傳達訊息啊。』可是，這不是適合『向外傳達』的表演，這是更深入內在的表演。唯獨《天與地之安魂曲》這首曲目，我希望能照自己的意願去滑，我想要更忠於自己的經歷與情感。雖然每次的表演不盡相同，但每一次都抒發了我在當下所思所感的《天與地之安魂曲》的所有意象。這首曲子是透過鋼琴獨奏曲直接傳達情感，所以我希望它能成為珍藏我當下心境的曲目。

賢二老師編排的每一個動作都有其含意，不過，他說：『雖然我設計的動作都有意義，但這些全都由結弦來發揮，不必多做解釋。』能有一首讓我盡情表達情感的曲目，實在太棒了。它是我滑冰以來最令人難受的曲目，也是最值得我表演的曲目。真的非常希望大家看了之後，全心全意去感受這首曲目就好。」

註7：布萊恩・奧瑟曾在一九八四年與一九八八年兩屆冬季奧運會奪得銀牌。

註8：由武家獨創，原本是狩獵時的運動服裝，根據披肩與鎧甲發展而來。在平安時代為一般官家的便服，鎌倉時代為祭典中神官穿著的服裝，到了現代日本，狩衣則是相撲比賽行司（裁判員）的正式服飾。

2015年8月，多倫多。
在公開練習日來到Cricket Club的羽生。

踏入冰場前，把手放在胸前的動作，
那一瞬間看起來像是在祈禱。

在Cricket Club的公開練習。
聚集了將近50人的媒體陣容。

配合音樂練習沿用兩年的
《第一號敘事曲》。

Cricket Club由奧瑟以及崔西·威爾森等
多名教練同時指導選手們。

滑行課程中，所有人都要練
習基礎的蹬冰技巧。

與3Lz奮戰，摔了好幾次不禁苦笑。

Scene 13

史上首度超過三百分

~二〇一五年大獎賽~

二〇一五至一六賽季的第一場賽事，羽生結弦選擇與訓練據點相距僅約十公里、位於多倫多北方的巴里（Barrie）所舉辦的加拿大秋季國際經典賽（Skate Canada Autumn Classic International）。

羽生結弦穿著嶄新的比賽服，迎戰本賽季再度使用的短曲《第一號敘事曲》。服裝設計與上個賽季相仿，由藍至白徐徐漸層，但是腰部與身體兩側以金色點綴。3A乾淨俐落地跳成了，但是後半段的四周跳落冰不穩而單手觸冰，以九三．一四分排名短曲第一。

隔天的長曲比賽，《SEIMEI》首次亮相。開頭的4S與4T勉強跳成，後半段的4T摔倒，單跳的3A落冰不穩，但是他臨時在3Lo後面接了1Lo＋3S，長曲得分為一八四．〇五分，總成績以二七七．一九分贏得冠軍。這是繼四月的世界花式滑冰團體錦標賽以來的首場正式比賽，他也確實找回比賽的感覺。

大約兩個星期後的大獎賽加拿大站，羽生結弦在前一天與當天的練習狀態都不差。然而，短曲最後一個上場的他，後半段的4T跳空成了2T。這一跳不是三周跳以上的跳躍，因此被判無效。除此之外，組合跳躍３Lz＋２T中的「２T」，也因為違反同一種跳躍不能跳兩次的規則，導致整組跳躍零分。由於七項要素有兩項得了零分，短曲以七三・二五分排名第六。

「我自認狀態並不差。當然啦，我的四周跳確實跳空成了二周跳，但這不代表我的身體施展不開來。」

羽生結弦在表演結束後如此表示，他覺得自己的身體狀況並不差。

隔天，羽生從練習開始便繃緊神經。他一舉跳成了長曲開頭的４S與４T，很快地融入曲目情境裡。截至目前為止從未在比賽中成功挑戰過、安排在後半段的４T＋２T，也在單手觸冰的情況下落冰。最後的３Lz雖然摔倒，但是他全心投入展現了懾人心神的表演。長曲以一八六・二九分排名第二，總成績也以二五九・五四分拿下第二名。

「從客觀角度來看（短曲的）結果，我覺得『自己的狀態並不差』。六分鐘熱身時的狀態不錯，公開練習時也零失誤。就結果來說，我是因為規則問題而拿不到分數。我最在乎的不是分數與排名，而是自己的感受，所以我認為『自己的狀態並不差喔』，總之就照平時的訓練，以平常心面對吧。」

他雖然對自己說：「就照平時的訓練。」迎戰長曲時卻表示：「我非常緊張啊。六分鐘熱身的時候，竟然沒跳成（四周跳的）Salchow，真的很久沒這樣了。我心想著：『怎麼辦！』但後來想到：『就像那一年（二〇一四年）的世界錦標賽，憑氣勢落冰吧！』結果成功落冰了。」

鼓舞自己奮力迎戰，他最終獲得第二名。

「老實說，很不甘心啊。長曲也沒能贏過他（陳偉群）。我加了三個四周跳，還安排兩個3A，基礎分高出他不少，卻拿不到多少執行分，這一點必須要反省。除此之外，步法與旋轉的節目內容分（PCS）也不受青睞。光是這個部分就差了七分左右吧，影響很大啊。」

這次奪冠的陳偉群，前一年遠離比賽休養了一個賽季，加拿大站是他重返賽場後立即出戰的賽事。陳偉群的長曲技術動作分的基礎分為七六．九二分，相較之下，羽生結弦的基礎分為九〇．五〇分，兩人足足相差一三．五八分。但是表演結束後，基礎分經過執行分增減再來看兩人的得分，陳偉群獲得九五・一七分，羽生獲得九八・三五分，雙方差距已縮小到三・一八分。

再者，從節目內容分來看，羽生在五個項目中有三項落在八分區間，總計八八・九四分；陳偉群則是五個項目全都在九分區間，總計九五・一六分。陳偉群在節目內容分超出了六・二二分。

分析這兩個項目的得分後，羽生結弦再次體認到最重要的是提升執行分與節目內容分。

長曲的表現讓他發現不少課題，相反的，他對短曲倒是頗有心得。

「雖然《第一號敘事曲》有不少失誤，但評價還是不錯，尤其是節目內容分滿受好評的，可見短曲算是表現良好。表演短曲時，我覺得自己跟短曲之間的齊奏（Unison），或者說這首曲子與自己的表演方式非常協調。」

在加拿大站獲得第二名，他對這一切的感想是：「我只想變得更強。」

「我覺得如果能夠提升表現力（註9），四周跳也能跳得更從容；滑行若是更流暢，滑行速度也有助於跳躍。總而言之，就是要面面俱到、全面提升，希望能讓人覺得：『哇，他有進步了。』在花式滑冰的領域裡，很難讓人一下子看出你有進步，頂多看到分數後才知道：『哦，好厲害啊。』不過，我希望不單只能從分數上看出來、不光只有冰迷才了解，而是希望能讓更多人覺得：『哇，羽生結弦脫胎換骨了。』我也許沒辦法在（ＮＨＫ杯開賽前的）三個星期內就做到這種程度，但是我必須一點一滴、循序漸進努力下去。」

羽生結弦立刻展開行動。他在加拿大站的表演滑練習期間，就以高難度的進入方式挑戰四周跳。那是比賽隔天的上午時段，他那狠勁十足的跳躍，一點都不像在練習表演滑。他已將目光放在三個星期後的ＮＨＫ杯，正努力練習跳躍。結束加拿大站回到多倫多之前，他已經決定在ＮＨＫ杯的短曲比賽中挑戰新的跳躍編排。

ＮＨＫ杯開賽前一天，羽生結弦解釋了變更短曲編排內容的原因：「我在（加拿大站的）表演滑練習期間，覺得從大一字起跳（四周跳的）Salchow，或是從大一字起跳（四周跳的）Toeloop感覺很不錯，所以有機會的話想挑戰更高難度的編排。」

「在短曲後半段加入四周跳，本來就是為了將來在短曲跳兩種四周跳所做的練習過程。不過，我想要『嘗試更多挑戰』的心情十分強烈，畢竟這首曲目已經是使用第二個賽季，覺得自己應該有信心挑戰（新的編排內容），所以才決定加入兩個四周跳。」

十一月二十七日，短曲最後一個上場的羽生結弦，曲目開頭的4S撐住了，4T＋3T、後半段的3A也完成得漂亮。他展現了隨心所欲舞動身體的從容步法，旋轉時也彷彿身心合一似的每個動作都與音樂完美契合。表演結束的那一瞬間，他的眼神凌厲，神情激動地用力甩下高舉的雙臂。

第一次表現得如此淋漓盡致。這是羽生結弦首次零失誤地表演使用了第二個賽季的《第一號敘事曲》，也是他第一次在短曲裡加進4S以及四周跳接三周跳，而且兩種四周跳全都跳成。所有的第一次全部挑戰成功，他的臉上盡是滿足。

得分為一〇六．三三分，刷新羽生自己在二〇一四年索契冬季奧運會上獲得的一〇一．四五分，創下短曲史上最高分紀錄。裁判打出的執行分幾乎都是+2或+3，節目內容分的五個項目也都在九分區間。

「滑這首曲目很開心啊。雖然有一陣子因為一直沒辦法做到零失誤而難受，但是沒能零失誤也有它的樂趣存在。（更改跳躍編排後）變成完全不一樣的曲目了，銜接的部分也改用截然不同的方式呈現，滑著的感覺和之前完全不同。不過，我總算發自內心覺得可以跟著鋼琴的旋律一起滑了。它真的是很讓人樂在其中的曲目。」

勢如破竹的短曲結束後，羽生結弦再次於隔天的長曲展現了出色表演。開頭的４Ｓ與４Ｔ、後半段的四周跳接三周跳，三個四周跳全部完美跳成。３Ａ＋２Ｔ中的２Ｔ甚至是高舉雙臂跳成的，獲得執行分+3的滿分好評。所有跳躍跳得如此從容寫意，當他秀出與音樂無比契合的「Hydroblading」和「Ina Bauer」，全場報以熱烈喝采。羽生結弦以強勁的肢體動作滑到曲目尾聲，當他隨著最後一個音符將雙臂往左右筆直伸展，臉上浮現了暢快的笑容。

長曲得分為二一六・〇七分，總成績三二二・四〇分，刷新了短曲、長曲、總成績三項史上最高分紀錄。

這次的ＮＨＫ杯賽事，羽生不但一口氣刷新三項史上最高分紀錄，也在同一場賽事零失誤地完成短曲與長曲的表演，對他來說實在是意義重大的一場比賽。這是他繼二〇一〇年東日本錦標賽以來，睽違多年再次零失誤地滑完兩首曲目。

長曲結束不久，在等分區接受訪問的羽生結弦回答說：「我拚死拚活苦練了。」

「訪問的時候，我被分數震驚得舌頭打結了，結果吃螺絲說成『ㄅㄧㄣ死拚活苦練了』（苦笑）。我可以肯定地說，練習量真的很大啊。我並沒有大幅改變訓練方式，而是提高訓練的品質。加拿大站還是讓我很不甘心，短曲失誤確實影響很大，不過看到陳偉群選手只用一個四周跳就拿到那麼高的分數，而我雖然單手觸冰但好歹三個四周跳都站住了，這麼高難度的長曲還沒辦法贏過他，實在非常懊惱。所以，我要追求更高品質的跳躍，必須挑戰唯有我才能做到的高水準且高難度的四周跳，讓陳偉群選手或哈維爾選手等其他選手做了何等高難度的動作都無法追上我。我在訓練的時候就時刻提醒自己，不論安排在後半段或前半段，每一種跳躍都要完美跳成。我確實感到不甘心，但最重要的是能有足夠的時間立即全心投入訓練，所以備戰下一場比賽時能立刻記取這回比賽所得到的教訓。」

歷經辛苦但充實的訓練過程，羽生結弦也有了一番體會：「來到這座場館之前，我就想著：『希望超過兩百分。』『希望超過三百分、希望做到零失誤。』我也認真想過：『自己想做的一切，全都會變成落到身上的壓力吧？』但是我心想：『既然緊張，那就這樣做吧。』所以能在稍微掌控精神狀態的情況下樂在其中。」懷著這樣的心情度過兩天後，他回想長曲當天晚上的情景：「我興奮得睡不著。對我來說，那真的是意義重大的一場比賽。比起分數，更重要的是能完成自己的表演，真的是讓我感到非常有意義的一天。」

「因為不知道（最強大的曲目究竟是什麼樣子）所以才有趣嘛。花滑這種運動就是這樣。金博洋選手曾說四個四周跳就夠用了，如果問我四個夠不夠？我倒是不這麼認為，畢竟不曉得未來會如何發展。我期待每天都有所成長，持續挑戰自己的極限。」

ＮＨＫ杯至大獎賽總決賽前的這段期間，羽生結弦度過了二十一歲生日。長野的ＮＨＫ杯結束後，他回到仙台繼續訓練，不久即動身前往巴塞隆納。因此，他投入訓練的時間實際上只有一星期左右。比起自己的生日，他更在乎的是調整狀態備戰大獎賽總決賽。這場總決賽攸關他是否能夠三連霸，但是他認為：「重點不是這個，我只想把它當成一場比賽，專心應戰今年的大獎賽總決賽。」

比賽場地與去年同樣是在巴塞隆納的場館，他記得當時滑的感覺相當好。他在練習後表示：「我很期待在這裡滑冰，進來場館的時候，我就希望能跟去年一樣好。滑著的時候，真的覺得這座冰場滑起來很過癮。」

十二月十日，短曲開賽。來自日本的大批冰迷齊聚場館，高舉眾多日本國旗與加油旗幟。第五個上場的羽生，在唱名後用足了三十秒時間（註10）努力讓自己放鬆。

接著開始表演《第一號敘事曲》，4S、4T＋3T、3A全都完美跳成。當他在等分區看到自己以一一〇．九五分再次刷新史上最高分紀錄，不禁激動地擺出勝利姿勢。最終以第一名成績結束短曲的賽事。

「我很緊張啊。就感覺來說，挺接近NHK杯的長曲。我很清楚自己『啊，很緊張』，於是邊滑邊思考『這種狀態該如何應戰』。我心裡難免會想：『一定要表現得比NHK杯還要好。』『一定要再展現那樣水準的表演。』我覺得自己還是會有『非做到不可』的壓力。不過，我認為自己雖然有感受到壓力，依然掌控得很好。」

即使倍感壓力，比短曲時仍能充分體認到這一點，甚至帶著壓力投入表演。相較之下，兩天後的長曲卻讓他感到不安。

「比起分數，我可能更想要『展現NHK杯那樣水準的表演』。今天的練習狀況看來也許不錯，但我還是有點不踏實的感覺，真的很擔心啊。我就在沒辦法調整到最佳狀態的情況下上場熱身六分鐘，因為心裡不安，六分鐘熱身時就失誤了一次。在候場期間，先是聽到陳偉群選手表現得不錯，後來又聽到宇野（昌磨）選手也發揮得很好。」

懷著千頭萬緒上場的羽生，上一個出場的正是地主選手哈維爾．費南德茲。等分等得難耐的大批觀眾鼓譟地喊著：「哈維、哈維！」羽生在此時踏入冰場，趁著等待唱名時確認跳躍動作，卻在跳3Lo時失誤，所幸接下來成功跳出3A。費南德茲的分數終於出爐，長曲獲得二〇一．四三分，總成績為二九二．九五分。現場觀眾熱烈的歡呼聲響徹場館。

「哈維爾就在我的眼前跳出了兩百分，讓我有『大事不妙』的感覺（笑）。即使如此，這次我還是可以說，我在準備過程中就注意到自己的情緒。『你真的很不安啊』還有『你在想自己到底行不行吧？』這兩種念頭同時存在我心裡。不過，我在NHK杯之前已做了大量訓練，比賽結束後也非常非常用心苦練，因此，『沒有零失誤也沒關係，確實做好每一個動作就好，加油吧。』我就用這樣的心態應戰了。」

４Ｓ、４Ｔ、３Ｆ，羽生結弦穩健地完成每一個跳躍。後半段的４Ｔ＋３Ｔ、３Ａ＋２Ｔ、３Ａ＋１Lo＋３Ｓ全部乾淨俐落地完成。完美無失誤的四分三十秒表演完畢，整座場館已籠罩在《SEIMEI》的情境裡。結束的那一瞬間，所有人都相信那樣的表演絕對會刷新史上最高分紀錄。

與奧瑟教練一起在等分區等待分數的羽生，除了向觀眾致意，也透過大螢幕與在後台等分的費南德茲逗趣地隔空致意。當分數出爐，他緊握雙拳，稍稍壓抑激動的情緒，與奧瑟教練相視一笑。但是，抑制不住的情緒逐漸湧上來，他不禁淚流滿面。羽生有些難為情地說：「我怎麼哭啦？」奧瑟教練則是輕聲對他說：「我真的為你感到驕傲。」

「ＮＨＫ杯的時候，我是純粹感到開心地擺出勝利姿勢，這次卻是『太好了……』的感覺，像是鬆一口氣，或者放下心中大石吧。因為我戴著耳機也能聽見觀眾對表演結束的選手歡呼喝采，所以有種『在壓力之中努力奮戰了』的如釋重負感，還有『總算結束了』的感覺。」

長曲二一九．四八分，總成績三三〇．四三分。羽生結弦再次刷新短曲、長曲、總成績三項史上最高分紀錄，同時是史上首位大獎賽總決賽三連霸的男子單人選手。

在ＮＨＫ杯刷新了史上最高分紀錄之後，他不禁產生被人緊追在後的恐懼感。

「我贏了（二〇一四年的）世界錦標賽，自信滿滿地迎戰（一四至一五賽季的大獎賽）中國站，卻因為受傷而落居第二名。後來在ＮＨＫ杯也出現不少失誤，因此來到大獎賽總決賽時，我記得非常清楚，我對自己說：『重新當一名挑戰者吧。』但從（今年的）ＮＨＫ杯到這次比賽的這段期間，我感到恐懼的原因之一就是這個（意指不再是挑戰者）吧。雖然心裡有恐懼，但實際上場時還是表現得不錯。要在哈維爾選手的出色表現之後緊接著上場表演，等於是挑戰當下的環境，而在異國比賽同樣是一大挑戰。這場比賽讓我深刻領悟到，不管各方面有什麼樣的條件限制、不論自己處在什麼樣的環境，置身任何處境都得奮力迎戰。」

克服心中的恐懼後，再次展現心滿意足的表演。這一切，全都化作長曲之後滿盈的淚水，也成了日後的動力泉源。

「老實說，在比短曲之前，我一心只想獲勝，希望以零失誤的表演獲勝。只不過，短曲結束後，壓力愈來愈大，滿腦子想著：『光是獲勝還不夠啊。』如果只以獲勝為目標，我是沒辦法有這種表現的。正因為心有餘裕，我總算可以看清自己周遭的一切，也才能看清楚自己。不必刻意展現自己，同樣能表現得不錯吧。不必刻意用話語刺激自己，而是順其自然地思考如何掌控整體狀態，我想，我終於做到這一點了吧。」

觀察長曲的小分表，4S與4T、3A＋2T的執行分全是三・〇〇分，已經達到滿分，無法再往上加分。基礎分為九五・一九分，加上執行分之後成了一二〇・九二分，而且節目內容分的五個項目全都在九分區間的後半段，總計九八・五六分。這可說是技術及內容兩方面均達到最高境界的表演。

「獲得世界最高分當然意義重大，但是我投入滑冰，最重要的還是如何讓自己的表演臻於完美，如何讓每一項要素與表現達到爐火純青的境地，如何才能發揮到極致。」

也因此，羽生結弦對於分數雖然沒什麼實際感受，但是十分滿意自己的表演。

短短兩個星期內，兩度刷新短曲、長曲、總成績三項史上最高分紀錄。對於堪稱豐功偉業的耀眼成績，他表示：

「如果說是我提升了（男子單人滑的）水準，我完全沒有這種感覺，只覺得自己是勇往直前走自己的路而已。

就算對我說：『恭喜你超過三百分！』我還是沒什麼感覺。當然啦，我不是沒有過執著於分數的時期。但是，我現在有了《SEIMEI》這首曲目，這個賽季也沿用《第一號敘事曲》，我的感想是，真的不光只有那個（分數）而已。從去年的《歌劇魅影》開始，我就慢慢有這種感覺，這回陳偉群選手的表演如是，哈維爾選手的表演亦如是，我覺得高難度並不代表一切。我希望自己時時刻刻都以此為目標，這就是我現在的想法。

我這次終於能夠完成曲目裡的所有跳躍，至於藝術層面，也總算可以展現出自己的個人風格吧。」

持續刷新史上最高分紀錄的賽季前半段，羽生結弦在技術方面提升了跳躍的難度，節目內容分也逼近現時打分系統所能得到的分數上限，甚至在大獎賽總決賽期間已展望未來。如今在技術層面已達到最高境界的他，正可以放手追求充滿個人風格的表現方式，盡情拓展無限可能。

正當羽生結弦為了迎戰世界錦標賽而一心探索全新的表現方式，另一項新考驗卻悄悄來襲。

註9：日本花滑界常說的「表現力」，通常是指由五個評分項目所構成的節目內容分（PCS）。

註10：花式滑冰的比賽，選手從唱名至就定位只有三十秒的準備時間，如果超過三十秒，即視為超時而扣分。

2015年12月，21歲。
與同門師兄費南德茲一起練習大獎賽總決賽的表演滑。

2015年大獎賽總決賽。
史上首位三度蟬聯冠軍的
男子單人選手。

2016年3月，於波士頓所舉辦的世界錦標賽。
展現完美無失誤的強勁短曲。

2015年全日本錦標賽。
雖因連續征戰而疲憊，依然完成四連霸。

2016年世界錦標賽的長曲《SEIMEI》。
於表演開頭擺出陰陽師的結印姿勢。

2015年的NHK杯。
歷經「拚死拚活的苦練」，創下
史上首次超過300分的成績。

NHK杯震懾全場的表演
使所有觀衆瘋狂。
結尾忍不住笑容滿面。

2015年NHK杯的頒獎典禮。
以史上最高分奪冠，回應全場觀衆給予的祝福喝采。

Scene 14

史上最高分以及未來展望

~二〇一六年世界錦標賽~

羽生結弦是在賽季初期隱隱覺得不太對勁。當時是二〇一五年十月底，正全心備戰加拿大站。

「左腳的傷，剛開始並不痛，只是覺得怪怪的，跳Toeloop的時候腳會麻。不過，跳了一、二個Toeloop雖然會麻，但是多跳幾次就不覺得痛了。因為我平時也有在照護自己的身體，認為多活動自然會痊癒，所以沒有太在意。可是，感覺愈來愈不舒服。NHK杯的時候已經有點痛了，大獎賽總決賽的時候光是跳一、二個跳躍還不夠，甚至跳了三、四個跳躍也消除不了疼痛。動身前往全日本錦標賽的前一天，才剛開始練習五分鐘，我就痛得下冰離場。事到如今可以說了，當時的傷勢就很嚴重。進了場館還在痛，Toeloop雖然能跳，但Axel的狀況最糟糕，所以我在全日本錦標賽的時候全都跳得很差。」

大獎賽總決賽結束後約十天的十二月下旬，羽生結弦出戰於札幌舉辦的全日本錦標賽。雖然無法展現媲美NHK杯及大獎賽總決賽的精彩表演，他依然達成四連霸，獲得世界錦標賽的參賽資格。他雖然以笑容回應冰迷的支持，背地裡卻為了左腳疼痛所苦。

「全日本錦標賽結束後，我休養了十天，接著參演『NHK杯花式滑冰特別表演秀（NHK Trophy Figure Skating Special Exhibition）』，並且在『New Year on Ice』冰演秀之前去醫院打了消炎止痛的類固醇。可是，我簡直痛到連動都動不了。『New Year on Ice』的時候，我根本沒辦法走路，但還是吃了止痛藥上場。我就在這種狀態下練習跳一個單跳（Toeloop），差點把我給痛死（笑），所以決定『冰演秀時千萬不要跳Toeloop』，轉而練習不會痛的Lutz、Loop和Salchow。

我在『New Year on Ice』結束後徹底休養。那時候疼痛最為劇烈，一走路就痛。因為大拇趾內側很痛，只好拐著腳踝外側走路。由於沒辦法好好走路，就這樣以不正常的角度拐著腳行走，結果連其他地方都開始痛。後來心想：『休息了十天應該會好一點吧？』但還是很痛。

我本來預計在一月底回到多倫多，所以在回加拿大的前幾天開始練習，腳卻痛得受不了，結果一拖再拖而回不了多倫多。再加上我因為疼痛無法正常走路，練習時也會刻意保護受傷的腳，導致什麼都跳不了。我在『New Year on Ice』的時候就在吃止痛藥，但是當時的狀態比較好。由於腳和大腦還對狀態甚好的感覺與意象記憶猶新，因此一月底開始滑冰時，雖然腳在痛，但仍可以跳出Salchow。可是，五天過後再嘗試，發現當初的感覺與意象開始走樣，跳不出來的跳躍愈來愈多……我的腳一天比一天痛，最後所有跳躍都跳不出來。跳Toeloop是最痛的，連Axel、Salchow、Flip也在痛。跳起來不痛的只剩下Loop，於是我拚命練習Loop（笑），所以有考慮在世界錦標賽跳（四周跳的）Loop。然而，到了二月，我連四周跳也沒辦法轉足圈數。那時候真的很煎熬啊。最後連３Lo都摔了，不禁想：『我多久沒摔過３Lo啦！』只能心灰意冷地想，這下子不得不放棄世界錦標賽……

那段期間就像（二〇一四至一五賽季的相撞意外）中國站之後到ＮＨＫ杯之前的感覺一樣。世界錦標賽前的那一個月，感覺實在無比短暫……」

二月中旬，羽生結弦真的打算棄權世界錦標賽。當他繼續待在日本練習期間，跳躍能力始終無法恢復，對未來也感到茫然。「不如先回多倫多吧。」下定決心後，他在二月底回到多倫多。

「我在多倫多接受醫師的治療，他現在也繼續幫我調養身體。因為傷勢逐漸好轉，我開始跳除了Toe loop以外的跳躍，慢慢有了『我要參賽！』的念頭。當我回到多倫多向醫師說明自己的症狀，他就下達『Toe loop禁跳令』，之後的三個星期左右，我都只能跳Toe loop以外的三周跳。即使後來醫師說『可以跳四周跳了喔』，（因為不能跳Toe loop）我也只用4S不斷練習整首曲目。直到出發前往世界錦標賽前兩個星期，我才開始跳4T，雖然花了一天時間就跳出來，感覺卻不一樣。因為刃跳（例如Salchow）與點冰跳（例如Toe loop）是有差別的。」

距離世界錦標賽約一個月，儘管疼痛仍未消除，由於跳躍能力逐漸恢復，羽生結弦也能以樂觀的心情度過充實的訓練過程。到了動身前往世界錦標賽的時候，他已經找回自信。

「我的短曲已經調整得很不錯，練到幾乎每一天都是零失誤的地步。沒辦法跳4T的時期，我就用兩個Salchow來練習（預定跳4T的地方也用4S代替）。這要是比賽的話（短曲禁止同一種跳躍重複兩次），會被判犯規吧（笑）。如果Toe loop狀況很差，我有考慮把第一跳改成Toeloop，第二跳改成Salchow喔（預定的編排為4S、4T+3T）。再加上前一陣子Loop的成功機率很不錯，所以也想過『Toeloop不行的話就改成4Lo』，但是Loop還是練得不夠。因為我非常想贏這場比賽，不想冒險而落敗（於是放棄跳4Lo）。我就是這樣經過一番苦思，想辦法提高完成度。

至於長曲，我也調整到只有狀態真的很差的時候才沒辦法做到零失誤的程度。練習長曲的時候，一樣是跳了三次4S來代替（笑）。後半段的Salchow也接連落冰，很完美喔。因為練習步調完全照自己所想的順利進行，踏進場館的那一瞬間，我甚至信心十足地認為『我會贏』。」

三月二十七日，羽生結弦來到世界錦標賽的舉辦地點——美國波士頓，準備好隔天開始練習。

「第一天的練習感覺很不錯，但是從第二天的練習開始，身體就有點施展不開。在多倫多的時候有醫師悉心替我治療，可是來參加世界錦標賽後，因為沒有良好的照護，即使吃止痛藥也減輕不了左腳的疼痛。慘的是連腰部也痛起來了。就在種種令人擔憂的情況下，又受到別的選手影響，所以我整個腦袋亂糟糟的。各種壓力隨之而來，我很清楚自己的內心已經整個被拉過去了。『這種狀態下怎麼可能表現得好？』結果短曲卻零失誤（笑）。」

三月三十日，短曲比賽登場。第二十九個上場的羽生結弦，重現了自NHK杯以來的跳躍編排，漂亮地完成4S、4T＋3T、3A，透過《第一號敘事曲》盡情展現融合鋼琴旋律與運動員強韌力量的絕美演出。

短曲技術動作分六一．五二分，節目內容分全都落在九分區間的後半段，高達四九．〇四分，總計一一〇．五六分。這場精彩絕倫的表演和羽生自己在大獎賽總決賽創下的史上最高分紀錄僅差〇．三九分。他與第二名的哈維爾．費南德茲相差十二．〇四分，以短曲第一名的成績迎戰長曲。

儘管身心都不在最佳狀態，羽生結弦依然展現完美無失誤的表演。然而，短曲結束後，他發現左腳的傷勢變嚴重了。

「似乎是上場比短曲的時候用腳過度，遠遠超出訓練時的負荷量，所以我的腳非常痛，還腫起來。短曲隔天的練習中，就連跳三周跳接三周跳都在痛，只好放棄跳

ToeIoop。我在長曲當天的練習吃了止痛藥，確認了『跳4T雖然會痛，但還是可以跳』。因為一直處在腎上腺素爆發的興奮狀態，不僅長曲的前一天睡不著覺，長曲當天也睡不著。再加上我的身體從第二天就施展不開來，原本就十分焦躁，結果愈是處在興奮狀態下，身體愈是僵硬，導致身體更難以施展開來吧。」

長曲的出場順序，羽生抽到最後一組的第二順位。

「抽到第二個上場的時候，我心想：『啊，我完蛋了。』我很不擅長第二個上場，以前試過都表現得不太好。雖然索契冬季奧運會之前的全日本錦標賽短曲確實也是第二個上場，那時候發揮得不錯，但除此之外，像青年組第一年（二〇〇九年）的全日本青年錦標賽，那次的短曲也是第二個上場，表現得有夠慘。一方面也是因為我還沒掌握好第二個上場的節奏啊。心裡的焦躁與各種擔憂剛好交疊在一起，不禁想著：『唉，我肯定會失誤吧。』不過，（因為短曲完美無失誤）物極必反也占了相當大的因素。如果短曲不是零失誤的話，我的心態可能完全不一樣吧。正因為短曲零失誤，我才這麼擔心。」

身心未能調整到最佳狀態即上場迎戰，結果長曲《SEIMEI》開頭的4S落冰不穩。4T雖然落冰，但是後半段的4S摔倒，後半段其餘跳躍也失誤連連。長曲得分為一八四．六一分，總成績為二九五．一七分。相較於NHK杯及大獎賽總決賽，這回表現得不甚精彩。

「世界錦標賽真的很艱難啊。短曲當天與長曲那一天的氣溫相差十度左右，所以冰場有一部分冰面融了。儘管如此，還是有人跳得出來，這表示我當時的身體狀況無法應付任何一種冰面，心理狀態也不同於以往。」

在羽生之後上場的費南德茲，包括三個四周跳以及兩個3A在內的所有跳躍全都乾淨俐落地完成，精彩的演出刷新他在長曲與總成績的個人最佳成績，並且反超了他和羽生在短曲的得分差距，逆轉奪冠。羽生落居第二名，連續兩年獲得世界錦標賽銀牌。

「去年在世界錦標賽拿下銀牌後，我心裡非常懊惱，一直悶悶不樂。今年（世界錦標賽之後約一個月期間）也老是夢見自己在各個比賽中拿銀牌（笑），夢裡一次也沒能獲得冠軍。因此，實際上是相當不甘心啊。不過，世界錦標賽結束後，我倒是滿想得開的。

如今回想起來，上個賽季的收穫，我的印象中頂多只有（中國站的）傷勢復原再回歸賽場。但是這個賽季，我創下世界最高分紀錄，也感受到了有生以來第一次得以在比賽中完美實現理想的成就感，所以對我來說是相當寶貴的賽季吧。

不僅如此，我的表演滑也相當好，情緒非常投入。這次世界錦標賽前的一段時間，我就很想好好淬鍊自己的表現能力。因為（疼痛）不能動到腳，冰上的練習也因此受限，我便在平地不斷研究手部動作、情感的表達方式以及腳的動向，所以在世界錦標賽上表演《天與地之安魂曲》時，能夠順利地將自己的情感融入曲子裡，達到身心合一的境界，也與曲子契合無間，最後帶著釋然舒暢的心情結束賽事。

我這次比賽非常注重滑行。雖然短曲和長曲最終無法適應冰面展現滑行技巧，但是在練習表演滑時，發現了一點心得：『啊啊，這樣滑就好多了。』所以滑起來非常過癮。

還有，我後來其實有兩個月沒辦法滑冰啦。當初要來參加這場比賽的時候，我本來下定決心：『看腳這個樣子，比賽結束後得休養一個月不能滑冰。』『我必須徹底遠離滑冰。』因此，表演滑的時候或許就是帶著這份決心，才能滑得那麼過癮吧。想到往後有一個月不能滑冰，當下才充分體會到滑冰的樂趣啊。」

想要淬鍊自己的表現能力。為了實現目標，羽生結弦即使因為受傷無法如願上冰訓練，依然運用身體各部位揣摩姿勢動作。雖然正式比賽時沒能完全發揮出來，但在表演滑時展現了努力的成果。這段期間傾注的心血，確實成效頗豐。

「我非常渴望展現充滿個人風格的表演，所以我對於表現詮釋、手部位置以及動作樣式要求得十分嚴謹。《第一號敘事曲》是有著非常多細膩音符的一首曲目，而這首曲目也讓我強烈意識到，我可以運用腳尖與指尖、臉部的角度與膝蓋的屈伸來表現這些細膩的音符。

然而，再怎麼注重表現，跳躍一旦失敗，它就只是一首失敗的曲目。因此，我雖然在表現方面傾注心血，終究還是『以零失誤為前提』、『先做到零失誤再來談表現』。

這首用了兩年的短曲，以二〇一四至一五年賽季來說，我覺得大獎賽總決賽的表現算是完美吧。得以滑冰的痛快和幸福，與那個賽季的《第一號敘事曲》十分契合，也非常契合《歌劇魅影》。至於這個賽季，就品質來說，我覺得大獎賽總決賽的最好。我很喜歡總決賽時《第一號敘事曲》的表現，但是我覺得世界錦標賽的表現方式反而比較細膩啊。備戰世界錦標賽期間，我花了不少功夫研究如何提升曲目的深度。不論裁判從裁判席斜著看過來，或者攝影機以全方位的角度拍攝，我都希望能呈現出美感；而不管呈現出來的姿態美或不美，我的首要條件是要與音樂完美契合。我三月的時候便是努力鑽研這些，並且試著在冰上展現出來。回到多倫多之後，因為跳躍穩定許多，我才可以『要求自己做到更完美』。所以我花了四個星期總算趕上比賽。真的很拚命啊（笑）。」

羽生結弦在備戰世界錦標賽期間，除了要求自己做到完美無失誤，更進一步希望從任何角度觀看曲目姿態都顯得優美，世界錦標賽即成了驗收短曲成果的舞台。至於長曲《SEIMEI》，他不但親自參與編曲，也積極提出編舞的構想，並在過程中有了一番體悟。

「我以前會希望觀眾能感受到編舞動作裡的含意，不過，最近倒是不會這麼要求觀眾了。

表演《天與地之安魂曲》時，我一直在思考這個問題。我從以前就『非常希望觀眾能感受到我的心意』。例如芭蕾或狂言、能劇，它本身的編舞動作就有含意，亦即『這個動作代表這種意思』。因為所有的『型』都有它的意義存在，觀眾若是了解其中含意，也就能夠全盤接受。但是花式滑冰並沒有所謂的『型』。觀眾是從三六〇度全方位來觀看花滑，我們得思考：『我要對著哪個方向表演，才能讓觀眾感受到我想要傳達的訊息？』『可是我又不能只對著裁判席表演。』最後也只能看開了：『就讓各位自行體會吧。』（笑）我心裡倒是有著『這麼做是有含意』的基本主軸喔。不過，觀眾眼中的情境是什麼樣子？看過之後的心境又是如何？這些都會受到每個人各自的體驗所影響，這也是我讓觀眾自行體會的原因。

除此之外，我投注了更多情感在每一個編舞動作，或者說更加注重動作的細節吧。不光是配合音符而已，比如說，要配合主旋律嗎？還是配合伴奏呢？或是稍微錯開一點？我最近會想得比較深入，所以《第一號敘事曲》變得更有深度，這些想法也充分反映在《SEIMEI》與《天與地之安魂曲》。《SEIMEI》這首曲目，真的讓我學到不少，也思考了許多啊。」

歷經一再刷新史上最高分紀錄的賽季前半段，羽生結弦也藉著鑽研表現能力，獲得嶄新的觀點。

「這些研究對我日後轉為職業運動員絕對是不可或缺的。舉例來說，我在表演時是希望所有人開開心心的，可是有的人看了也許會哭出來：『你明明受了傷，那麼痛苦啊。』我是屬於全情投入滑冰的類型。雖然我很注重情感的投入，但是不會強迫觀眾接收我的感受。觀眾如何看待我的表演，我都無所謂。

我第一次滑《天與地之安魂曲》是在『Fantasy on Ice』冰演秀的金澤場次，不少人向我反應：『你那時候的安魂曲，看了實在太痛苦、太難受。』事實上，我在練習的時候也哭了，因為太痛苦了，感覺自己整個融入那首曲目的情境裡。尤其是當時為了讓自己的心境與曲子完全相連，一聽到音樂就聯想到震災畫面，感覺像是透過自己來呈現當時的苦難一樣，真的好痛苦啊。

不過，當我為了備戰世界錦標賽而思考如何表現《SEIMEI》時，就不太想透過曲子宣洩痛苦的情緒。《天與地之安魂曲》確實有表現痛苦的一面，但是我逐漸能退一步想，不必讓觀眾也感染到這份痛苦的情緒吧。我有一陣子甚至想過：『我的幸福就在滑冰之中。』『我只有滑冰的時候才感到幸福。』一月初的時候，我的腳正痛著，卻冒出無中生有的報導，使我對人性產生懷疑，所以能在冰演秀上滑冰讓我感到無比幸福。要不要滑冰，由自己決定就行，任誰也無法介入其中。我那個時候想了很多。感覺《天與地之安魂曲》經過這段時間的醞釀，也成為意義深遠的一首曲目。」

就在不斷思考、持續滑冰的過程中，羽生結弦赫然發現曲目與滑冰本身已在他心裡昇華到另一個境界。索契冬季奧運賽季過後，他也曾因為燃燒殆盡而考慮退役，但如今覺得比賽還是很有意思。

「（索契冬季奧運賽季後）覺得自己還沒辦法退役啊。當時的痛苦，大概已經克服了吧，所以現在才能坦然說出來。不過，我那時候在沒有絲毫成就感的情況下，一下子成為奧運冠軍，才會覺得自己與所處的環境落差太大。但是，正因為十九歲的時候有過那樣的想法，才有現在的我。這段時期全是新的體驗。

這個賽季的一大重點，就是金博洋選手跳出4Lz，還有宇野選手也跳了4F。這個賽季包括新晉選手在內，陳偉群與哈維等所有人都有所成長吧。說是成長，不如說是進化，因為大家真的都在提升難度。這跟我是奧運冠軍或者當前世界紀錄保持人無關，就一名花滑選手來說，我對此感到非常開心。能夠加入激戰行列，還是很有意思啊。現在或許是我最快樂的滑冰時光。

索契冬季奧運會的時候，頂尖選手大多跳了兩個四周跳。雖然大家的長曲都慘不忍睹。時至今日，競爭四周跳種類的時代已來臨了。總覺得自己已經進化到從小夢想的境界。說真的，我非常開心。而且不是只有我一個人在拚，每位選手都有各自的強項，也都有令我嚮往的優點。例如博洋的四周跳、哈維的穩定性、陳偉群的滑行等等，可取之處相當多。他們每個人都有值得效法的長處，所以我完全不覺得自己是站在最頂端，反倒是感嘆：『啊，人還是要勇於嘗試跳躍啊！』所以我很開心，因為又有目標了。

還有四年左右的時間，我的技術也會有所進步。就像４Ａ，我從小就說要跳，真的很想挑戰！我覺得自己一定能跳出來。之前在『Dream on Ice』冰演秀上懷著緊張的心情試跳一下，結果還差半圈。但是看了影片後，發現軸心掌握得不錯，於是做了許多研究：『怎樣才能跳出來呢？』不光是Axel，還有Lutz、Flip、Loop、Salchow、Toeloop等所有種類。剩下的就是一直苦練到能在冰上跳出來吧。不過，我覺得一定會有人跳出４Ａ。五周跳應該還不至於吧？但是，像博洋他們搞不好真的會跳出五周跳

（笑）。

所以說，現在正是花式滑冰男子單人項目競爭最激烈的時期吧。對我來說，最精彩的還是鹽湖城冬季奧運會，畢竟讓我受到了刺激，認真想著：『我要學滑冰！』從這一點來看，可以說那樣的時代再度來臨，而我就處在這波時代浪潮裡，真的很開心。因此，我能在平昌冬季奧運會前進化到什麼程度，就是我今後的課題。我非常期待。」

為自己正置身孩提時代嚮往的激烈競爭中而滿心雀躍，二十一歲的羽生結弦，體能仍有成長的空間，如今正步入將豐富的人生歷練反映在曲目裡的時期。

還差得遠，距離自己心目中的理想滑冰還差得遠——這份堅持，引領著他邁向難以用分數衡量的表現至高境界。

Scene 15

後記

前作於二〇一二年出版至今已過了四年，羽生結弦在這段期間成了全日本錦標賽、大獎賽總決賽、冬季奧運會與世界錦標賽的冠軍。歷經數度刷新史上最高分紀錄、克服種種難關之後，逐漸體會到花式滑冰的全新樂趣。

時值續作出版之際，二十一歲的羽生結弦，如今的想法如下：

「讀者購買本書的原因形形色色，但願各位能透過這本書，感受到自己想要珍惜的事物，或者成為思考某項事物的契機。本書一如前作，同樣是基於慈善目的而出版，

ANA

但最主要的不是呼籲各位提供援助或者親自探訪災區，而是期望藉著本書讓各位稍微思考東日本大地震及其他各地所發生的震災。

人想要傳遞訊息時，需要透過網路或電話、信件等工具。比如說，各位不妨把我這個人當成工具，透過我這個人，試著傳達自己的心意。希望各位能把我當成網路加以運用，傳遞各式各樣的心情。

或許就像我前面所提到的本賽季世界錦標賽前對於表現的想法，我相信讀者讀了本書以後，一定也有各自的感想。而且令人意想不到的是，每一個人的所思所感會反映在社會上喔。舉例來說，如果覺得『發生了這種情況，也許是好事吧』，那件好事就會出乎意料地發生喔。因此，我希望大家能好好珍惜每一個人的心意。我不會呼籲大家不必說出來也沒關係、只要有所行動就好，但是希望大家能感受到一些正面的心意，多多少少感受到我對震災的關懷，只要多增加一點，對於災區乃至日本整個國家來說也是一件好事。但願這些心意能一點一滴凝聚起來，形成燦爛耀眼的光芒。」

國家圖書館出版品預行編目資料

蒼之炎 . II, 飛翔編 / 羽生結弦作 ; 莊雅琇譯 . -- 一版 . -- 臺北市 : 臺灣角川 , 2020.07
面 ; 公分
譯自 : 蒼い炎 II : 飛翔編
ISBN 978-957-743-893-5(平裝)

1. 羽生結弦 2. 傳記 3. 溜冰

783.18 109006799

蒼之炎 II 飛翔編

原著名＊蒼い炎 II 飛翔編

作　　者＊羽生結弦
譯　　者＊莊雅琇

2020 年 7 月 20 日 初版第 1 刷發行
2022 年 3 月 18 日 初版第 3 刷發行

發 行 人＊岩崎剛人
總　　監＊呂慧君
總 編 輯＊蔡佩芬
編　　輯＊溫佩蓉
美術設計＊林慧玟
印　　務＊李明修（主任）、張加恩（主任）、張凱棋

台灣角川

發 行 所＊台灣角川股份有限公司
地　　址＊104 台北市中山區松江路 223 號 3 樓
電　　話＊（02）2515-3000
傳　　真＊（02）2515-0033
網　　址＊www.kadokawa.com.tw
劃撥帳戶＊台灣角川股份有限公司
劃撥帳號＊19487412
法律顧問＊有澤法律事務所
製　　版＊尚騰印刷事業有限公司
I S B N＊978-957-743-893-5

※ 版權所有，未經許可，不許轉載。
※ 本書如有破損、裝訂錯誤，請持購買憑證回原購買處或連同憑證寄回出版社更換。

AOI HONOO II – HISHO-HEN – by Yuzuru Hanyu
Copyright © 2016 Yuzuru Hanyu
All rights reserved.
Original Japanese edition published by FUSOSHA Publishing, Inc., Tokyo.

This Traditional Chinese language edition is published by arrangement with FUSOSHA Publishing, Inc., Tokyo in care of Tuttle-Mori Agency, Inc., Tokyo through LEE's Literary Agency, Taipei.